LITERATUR UND METHODE

Sag mir, wo die Bäume sind

Text- und Arbeitsbuch
zur Naturerfahrung
von
Wilfried Klute

Hirschgraben-Verlag · Frankfurt am Main

ISBN 3454 502403

Statt eines Vorwortes

Unsere Welt wird in steigendem
Maß beherrscht durch das von uns
Erfundene, durch den Apparat. Der
Rausch des Machens, des Apparate-
herstellens – auch der Zwang dazu
wächst ständig.
So wird denn – aber zu wenig beach-
tet – immer bedeutungsvoller die
Aufgabe der Kompensation: Es gilt,
den Blick auf das nicht von uns Ge-
schaffene zu richten, auf das Ent-
standene, auf das Geheimnis der
Schöpfung, das mit der wirklichen
wissenschaftlichen Einsicht nicht
geringer, sondern größer wird.
Es ist von größter Bedeutung, daß
die ursprünglichen Quellen reich
fließen, daß das unmittelbare Leben
mit Menschen und Naturgestalten,
Natureindrücken nicht von einer
Scheinwelt verdrängt werde.

Adolf Portmann

INHALT

1. **Ich mag Regen — Schüler schreiben ihre Naturerfahrung auf** 5
   Das Stoppelfeld wird umgepflügt 5
   Birkenblätter werden gelb 5
   Mutter pflückt Pflaumen 5
   Ich mag Regen 5
   Die Natur 6
   Zerstöre ich die Natur 6
   Hoffnung 6
   Als die Berge hinter grauen Dunstglocken 7
   Machet euch die Erde untertan 7
   Vorschläge zur Textbetrachtung und Textanfertigung 8

2. **Hier sind wir durchgegangen — Umweltprobleme in modernen Gedichten** 9
   Jürgen Becker (1932): Natur-Gedicht 9
   Hermann-Christian Spix (1946): Umweltschutz 9
   Peter Schütt (1939): Heimatkunde 1974 9
   Volker Braun (1939): Durchgearbeitete Landschaft 10
   Margarete Hannsmann (1921): Könnt ihr noch Wetterbuchen liefern? 11
   Günter Kunert (1929): Unterwegs nach Utopia II 12
   Bertolt Brecht (1898–1956): Über das Frühjahr 12
   Hanns Magnus Enzensberger (1929): das ende der eulen 13
   Sarah Kirsch (1935): Waldstück 14
   Günther Ullmann (1946): Kein Gott spricht mehr aus unserem Himmel 14
   Vorschläge zur Textbetrachtung 15

3. **Wie herrlich leuchtet mir die Natur — Lyrik aus vier Jahrhunderten** 16
   Barthold Heinrich Brockes (1680–1747): Kirsch-Blühte bey der Nacht 16
   Johann Wolfgang Goethe (1749–1832): Mailied 17
   Josef Weinheber (1892–1945): Im Grase 18
   Marie Luise Kaschnitz (1901–1974): Juni 19
   Theodor Storm (1817–1888): Meeresstrand 20
   Rainer Maria Rilke (1875–1926): Herbsttag 20
   Friedhelm Naudiet: Herbst 21
   Joseph von Eichendorff (1788–1857): Mondnacht 22
   Wilfried Klute (1929): Nacht 22
   Bertolt Brecht (1898–1956): Vom Schwimmen in Seen und Flüssen 23
   Hilde Domin (1912): Linguistik 24
   Klaus Demus (1927): Klein und schwarz 24
   Bernd Jentzsch (1940): Natur ist wirklich 25
   Arnfried Astel (1933): Die Amsel 25
   Stephan Hermlin (1915): Die Vögel und der Test 25
   Vorschläge zur Textbetrachtung 26

4. Landschaften des Menschen — Aus der epischen Literatur 27
   Johann Wolfgang Goethe (1749—1832): aus: Die Leiden des jungen Werthers 27
   Ludwig Tieck (1773—1853): aus: Der Runenberg 28
   Georg Büchner (1813—1837): aus: Lenz 29
   Thomas Mann (1875—1955): aus: Buddenbrooks 30
   Hermann Hesse (1877—1962): aus: Unterm Rad 31
   Peter Weiss (1916—1982): aus: Abschied von den Eltern 33
   Jürgen Becker (1932): Die Wirklichkeit der Landkartenzeichen 34
   Max Frisch (1911): aus: Homo faber 36
   Vorschläge zur Textbetrachtung 37

5. Die schweigenden Gefährten — Begegnung mit Bäumen 38
   Archibald Quartier: Der Baum als Spender des Lebens 38
   Wolf Hockenjos: Weltenbaum Esche 39
   Schöpfungsgeschichte 39
   Hermann Hesse (1877—1962): aus: Peter Camenzind 40
   Bertolt Brecht (1898—1956): Herr K. und die Natur 40
   Ilse Tubbesing: Bäume 41
   Sarah Kirsch (1935): Bäume 42
   Walter Helmut Fritz (1929): Bäume 43
   Vorschläge zur Textbetrachtung und Textanfertigung 43

6. Vergleichsweise — Natur-Themen in verschiedenen Textsorten 44
   Adalbert Stifter (1805—1868): Anfangs war meine ganze Seele... 44
   Fritz Achilles u. a.: Dieses teils feuchte, teils trockene Land... 44
   Erhart Kästner (1904): Eigentlich hatte ich mir... 45
   Gerhard Mostler: Durch den Wechsel... 45
   Hans Kasper (1916): Nachricht 46
   Rheinaale sind voller Gift 46
   Wilfried Klute (1929): Protokoll einer Entfernung 47
   In Westdeutschlands Wäldern 47
   Kaspar H. Spinner: Zwei Grundformen des Verhältnisses zur Natur 48
   Vorschläge zur Textbetrachtung 49

7. Erlebnis und Erkenntnis — Gedankliche und darstellende Texte 50
   Psalm 104 50
   Häuptling Seattle: Wir sind ein Teil der Erde 52
   Natur 53
   Rainer Maria Rilke (1875—1926): Landschaft 54
   Tadeusz Borowski (1922—1951): Deutsche Landschaften 56
   Gabriele Tergit: Die allgemeine Freude an der Natur 57
   Thomas Vinsor Wolgast: Überlebenshinweise aus dem Kofferradio 58
   Vorschläge zur Textbetrachtung 60

8. Didaktische Nachbemerkung 61

9. Quellenverzeichnis 63

1. ICH MAG REGEN – SCHÜLER SCHREIBEN IHRE NATURERFAHRUNG AUF

Das Stoppelfeld wird umgepflügt...

Das Stoppelfeld wird umgepflügt.
Auf den Drähten drängen sich die Schwalben.
Im Vorgarten blühen die roten Astern.
Die Nacht bricht früh herein.
                                                        K. B.

Birkenblätter werden gelb...

Birkenblätter werden gelb.
Hagebutten sind rot.
Silbrige Spinngewebe zwischen den Sträuchern.
                                                        Ch. F.

Mutter pflückt Pflaumen...

Mutter pflückt Pflaumen.
Kartoffelfeuer rauchen.
Bunte Astern blühen.
Eine Kastanie zerspringt auf der Straße.
                                                        U. v. D.

Ich mag Regen

Wenn ich traurig bin,
   werde ich glücklich
     durch ihn.

Ich gehe hinaus
   und bin allein.

Alleinsein
   im Regen
     macht mich frei.
                                                        D. B.

Die Natur...

Die Natur
befreit uns
von den Zwängen der Zivilisation,
die wir uns selbst zu verdanken haben.
H. P.

Zerstöre ich die Natur...

Zerstöre ich die Natur,
zerstöre ich mein Leben.
Das habe ich verstanden.
Doch ich bin zu bequem,
mein Leben zu ändern.
J. H. K.

Hoffnung

Die Verbalisierung und Formulierung
der atmosphärischen, terranen,
subterranen und nautischen
Verschmutzungen;
5 die Diskussion und Problematisierung
der essentiellen, systemimmanenten,
adäquaten und effizienten
Schutzmaßnahmen;
die Koordinierung und Ratifizierung
10 der regionalen, nationalen,
internationalen und kosmischen
Bedürfnisse
können wir getrost
unseren Politikern anvertrauen.
P. N.

Als die Berge hinter grauen Dunstglocken...

Als die Berge hinter grauen Dunstglocken unsichtbar wurden
und in den Wäldern die letzten Blätter sanft zu Boden fielen,
glitt der letzte Mann lautlos in einer klimatisierten Plastikröhre
an seinen bunten Arbeitsplatz im Roboter-Designing-Center.

5 Als die radioaktiv verseuchten Seen zu kochen begannen
und in den bordeauxroten Flüssen die Fische krepierten,
kochte die letzte Frau in der keimfreien Standard-Luxus-Küche
ein Essen aus fischblauen, kartoffelgelben und salatgrünen Pillen.

Als auf den grauen Wiesen nur noch Mäuse und Ratten hausten
10 und in den schwefelgelben Lüften schon lange kein Vogel mehr sang,
saß das letzte Kind vor seinem Haus-Computer-Lehrer
und diskutierte in Basic und Pascal die Relativitätstheorie.

Als die Erdkruste gewaltsam aufbrach
und sich glühende Lavaströme über die Welt ergossen,
15 gaben Adam und Eva den Apfel zurück
und kehrten heim ins Paradies.

P. N.

Machet euch die Erde untertan oder Ein Baum stirbt leise

Lieber Gott,
    Du hast mal gesagt, daß wir uns die Erde untertan machen sollen. Ich frage mich schon sehr, ob Du das auch so gemeint hast und ob Du das wohl gut findest, was wir Menschen da fabriziert haben. Ich glaube fast, wir haben das etwas falsch ver-
5 standen. Es sollen sich doch alle Menschen die Erde untertan machen und nicht nur ein paar, die die anderen, die ihnen im Weg sind, mit Kriegen bedrohen. Ich glaube, lieber Gott, wenn wir so weitermachen, ist bald nichts mehr da, das wir uns untertan machen können. Dann wäre, trotz unserer Bemühungen, Dein Gebot unerfüllt. Wärst Du uns dann böse? Bist Du nicht jetzt schon sauer, weil wir Dein schönes
10 Paradies in Gräberfelder, Trümmerhaufen, Müllhalden und Betonwüsten verwandelt haben? Manchmal ist ja noch ein kleines Stück Paradies zu finden. Da stehen dann Bäume, und da wachsen schöne Blumen. Aber die Bänke stehen leer, die man extra dahin gestellt hat, damit sich jeder bequem das Stückchen Paradies ansehen kann. Und dann kommt auf einmal jemand mit 'nem Sack Müll daher, läßt den
15 irgendwo stehen, und wieder ist ein bißchen Eden weg. Auch die Luft, lieber Gott, haben wir uns untertan gemacht. Wir haben sie nämlich als Müllhalde für gasförmige Giftstoffe benutzt. Das ist billig und einfach, aber dann stirbt ein Riesenstück

Paradies auf einmal. Wir Menschen können schreien, wenn wir sterben, oder weinen, oder davon reden, daß wir Angst haben, zu Dir zu kommen. Aber was machen
20 die armen Bäume, wenn sie Angst haben? Die können doch nicht reden. Die Bäume, die sterben leise. Beinah hätten wir gar nicht gemerkt, was wir angerichtet haben, von wegen der verhunzten Natur und dem Verhalten zu Dir und untereinander und so. Nee, lieber Gott, ich weiß nicht, Du bist schon echt in Ordnung, aber das mit dem Untertan-Machen war wohl keine so gute Idee...!

Ch. St.

Vorschläge zur Textbetrachtung und Textanfertigung

1. Wie sehen die Schüler und Schülerinnen die Natur in ihren Texten? Welche Lebenserfahrungen sind in die Texte eingegangen? Welche Schreibabsicht hat den jeweiligen Verfasser oder die jeweilige Verfasserin bewegt?
2. Machen Sie sich die Form der Texte und die von der Form ausgehenden Wirkungen klar. Welche Bilder werden verwendet? Wo begegnen Auffälligkeiten in Wortwahl und Satzbau? Inwiefern unterstützt die Abgrenzung der Zeilen die Aussage? Gibt es eine Entwicklung zwischen Anfang und Ende der Texte? Wie lassen sich die Textarten benennen?
3. Was können wir Leser mit den Texten anfangen? Wie nehmen wir sie auf, wie reagieren wir? Sprechen Sie miteinander darüber. Achten Sie darauf, wie manche Wirkungen durch die Individualität des Lesers bedingt sind.
4. Schreiben Sie selbst kürzere, möglichst verdichtete Texte zum Thema Natur, in denen Sie ein Erlebnis, eine Erfahrung, eine Empfindung oder einen Gedanken zum Ausdruck bringen. Das können Schilderungen oder Appelle, Briefe, Gedichte oder andere Formen sein. Hier ein paar thematische Anregungen (es sind noch keine Textüberschriften):
   − Schönheit des Unscheinbaren
   − Bäume − unsere schweigenden Gefährten
   − Das Wiesenstück, eine kleine Welt
   − Meine Landschaft
   − Gärten und Parks
   − Am Stadtrand
   − Macht euch die Erde untertan
   − Täglich stirbt ein Stück Natur
   − Pflanzen in der Betonwelt.
   Stellen Sie Ihre Texte den Mitschülern vor, besprechen Sie gemeinsam Fragen der Intention und der Form, machen Sie einander Verbesserungsvorschläge, z.B. zur Wortwahl, zur Wortstellung, zur Zeilenanordnung, zur Verknappung der Aussage oder zur Überschrift.

2. HIER SIND WIR DURCHGEGANGEN – UMWELTPROBLEME IN MODERNEN GEDICHTEN

Jürgen Becker
Natur-Gedicht

in der Nähe des Hauses,
der Kahlschlag, Kieshügel, Krater
erinnern mich daran –

nichts Neues; kaputte Natur,
aber ich vergesse das gern,
solange ein Strauch steht

Hermann-Christian Spix
Umweltschutz

   Endlich
   ist einer großen
   Farbenfabrik
   der durchschlagende Erfolg
5 im Kampf
   gegen
   die Umweltverschmutzung
   gelungen
   Ab Stromkilometer 475
10 ist der Fluß
   blau
   wie das Mittelmeer

Peter Schütt
Heimatkunde 1974

Hamburg liegt an der Reynolds,[1]
Stade an der Dow Chemical,
Brunsbüttel an der Veba
„Wir wissen", erklärte der Regierungspräsident
von Stade, „bis heute noch nicht genau,
woran die Elbverschmutzung eigentlich liegt".

1 *Reynolds usw.:* Firmen der chemischen Industrie

Volker Braun
Durchgearbeitete Landschaft

Hier sind wir durchgegangen
Mit unsern verschiedenen Werkzeugen

Hier stellten wir etwas Hartes an
Mit der ruhig rauchenden Heide

5 Hier lagen die Bäume verendet, mit nackten
Wurzeln, der Sand durchlöchert bis in die Adern
Und ausgepumpt, umzingelt der blühende Staub

Mit Stahlgestängen, aufgerissen die Orte, weggeschnitten
Überfahren der Dreck mit rohen Kisten, abgeteuft[1] die
10 die teuflischen Schächte mitleidlos

Ausgelöffelt die weichen Lager, zerhackt, verschüttet,
zersiebt, das Unterste gekehrt nach oben und
durchgewalkt und entseelt und zerklüftet alles
Hier sind wir durchgegangen.

15 Und bepflanzt mit einem durchdringenden Grün
Der Schluff, und kleinen Eichen ohne Furcht

Und in ein plötzliches zartes Gebirge
Die Bahn, gegossen aus blankem Bitum[2]

Das Restloch mit blauem Wasser
20 Verfüllt und Booten: der Erde
Aufgeschlagenes Auge

Und der weiße neugeborene Strand
Den wir betreten

Zwischen uns.

---

1 *abteufen*: einen Schacht senkrecht in die Erde graben
2 *Bitum, Bitumen*: teerartige Masse

Margarete Hannsmann
Könnt ihr noch Wetterbuchen liefern?

Aber es werden Menschen kommen
denen das zeitauf zeitab
der Fabriken gleichgültig ist
sie wollen nicht auf Märkten einkaufen
5 aber sie fragen
nach dem Millionen
Jahre alten Wind
ob ihr noch Vögel
Fische
10 Füchse
Sumpfdotterblumen
aufgehoben habt
wenn anderswo
alle Wälder zerstückelt sind
15 alle Städte über die Ränder getreten
alle Täler überquellen vom Müll
Könnt ihr noch Wetterbuchen liefern?
einen unbegradigten Fluß?
Mulden ohne schwelenden Abfall?
20 Hänge ohne Betongeschwüre?
Seitentäler ohne Gewinn?
habt ihr noch immer nicht genug
Einkaufszentren in die Wiesen gestreut
Möbelmärkte zwischen Skabiosen
25 nicht genug Skilifte ohne Schnee
Nachschubstraßen für Brot und Spiele
Panzerschneisen hügelentlang
Fichtenschonungen auf der Albheide
wenn ihr die Schafe aussterben laßt
30 stirbt der Wachholder...

Günter Kunert
Unterwegs nach Utopia II

Auf der Flucht
vor dem Beton
geht es zu
wie im Märchen: Wo du
5 auch ankommst
er erwartet dich
grau und gründlich

Auf der Flucht findest du
vielleicht
10 einen grünen Fleck
am Ende
und stürzest selig
in die Halme
aus gefärbtem Glas.

Bertolt Brecht
Über das Frühjahr

Lange bevor
Wir uns stürzten auf Erdöl, Eisen und Ammoniak
Gab es in jedem Jahr
Die Zeit der unaufhaltsam und heftig grünenden Bäume.
5 Wir alle erinnern uns
Verlängerter Tage
Helleren Himmels
Änderung der Luft
Des gewiß kommenden Frühjahrs.
10 Noch lesen wir in Büchern
Von dieser gefeierten Jahreszeit
Und doch sind schon lange
Nicht mehr gesichtet worden über unseren Städten
Die berühmten Schwärme der Vögel.
15 Am ehesten noch sitzend in Eisenbahnen
Fällt dem Volk das Frühjahr auf.
Die Ebenen zeigen es
In alter Deutlichkeit.
In großer Höhe freilich
20 Scheinen Stürme zu gehen:
Sie berühren nur mehr
Unsere Antennen.

Hans Magnus Enzensberger
das ende der eulen

ich spreche von euerm nicht,
ich spreche vom ende der eulen.
ich spreche von butt und wal
in ihrem dunklen haus,
5 dem siebenfältigen meer,
von den gletschern,
sie werden kalben zu früh,
rab und taube, gefiederten zeugen,
von allem was lebt in lüften
10 und wäldern, und den flechten im kies,
vom weglosen selbst, und vom grauen moor
und den leeren gebirgen:

auf radarschirmen leuchtend
zum letzten mal, ausgewertet
15 auf meldetischen, von antennen
tödlich befingert floridas sümpfe
und das sibirische eis, tier
und schilf und schiefer erwürgt
von warnketten, umzingelt
20 vom letzten manöver, arglos
unter schwebenden feuerglocken,
im ticken des ernstfalls.

wir sind schon vergessen.
sorgt euch nicht um die waisen.
25 aus dem sinn schlagt euch
die mündelsichern gefühle,
den ruhm, die rostfreien psalmen.
ich spreche nicht mehr von euch,
planern der spurlosen tat,
30 und von mir nicht, und keinem.
ich spreche von dem was nicht spricht,
von den sprachlosen zeugen,
von ottern und robben,
von den alten eulen der erde.

Sarah Kirsch
Waldstück

Der Nordwind zerstückelt die Wolken
Sie fahren über den Himmel bis in die
Wölfischen Tundren die Sonne steigt auf
Was sie an den Tag bringt verrammelte
Wälder abgebrochene Hütten im Dickicht
Die Tränen der Demonstranten kein Gras
Wächst darüber legt sich Beton.

Günther Ullmann
Kein Gott spricht mehr

aus unserem Himmel

die engel
sind aus eisen
und blech
5 und fallen ab

vögel
lassen federn
an unseren traurigen
optimistischen reden

10 die volkseigenen blätter
der staatlichen bäume
verschweigen das blut
unterm vergoldeten
trauerrand

15 die sonne geht weg
weit weg
dahin
wo die schornsteine
noch nicht regieren

Vorschläge zur Textbetrachtung

1. In welcher Weise wird in den Gedichten über Natur gesprochen? Inwiefern drückt sich in ihnen ein reflektiertes Zeitbewußtsein aus? Welche (objektiven) Tatsachen und welche (subjektiven) Einstellungen sind in die Aussage einbezogen?
2. Wo wird Kritik geübt, was wird kritisiert, und in welcher Weise geschieht das? Betrachten Sie den Aufbau der Texte, die Bilder und Metaphern, auffällige Wortwahl, die Zeilenordnung. Wo begegnen überraschende Wendungen bis hin zur Pointe?
3. In welchen Gedichten wird der Bereich des Politischen berührt? Welche politischen Aussagen werden gemacht?
4. Bei welchem Gedicht ist die Herkunft aus der DDR zu erkennen?
5. In welchen Gedichten wird eindeutig Stellung bezogen, in welchen wird die Wertung in der Schwebe belassen?

3. WIE HERRLICH LEUCHTET MIR DIE NATUR – LYRIK AUS VIER JAHRHUNDERTEN

Barthold Heinrich Brockes
Kirsch-Blühte bey der Nacht

Ich sahe mit betrachtendem Gemüte
Jüngst einen Kirsch-Baum, welcher blüh'te,
In küler Nacht beym Monden-Schein;
Ich glaubt', es könne nichts von gröss'rer Weisse seyn.
5 Es schien, ob wär' ein Schnee gefallen.
Ein jeder, auch der klein'ste, Ast
Trug gleichsam eine rechte Last
Von zierlich-weissen runden Ballen.
Es ist kein Schwan so weiß, da nemlich jedes Blat,
10 Indem daselbst des Mondes sanftes Licht
Selbst durch die zarten Blätter bricht,
So gar den Schatten weiß und sonder Schwärze hat.
Unmöglich, dacht' ich, kann auf Erden
Was weissers ausgefunden werden.

15 Indem ich nun bald hin bald her
Im Schatten dieses Baumes gehe:
Sah' ich von ungefehr
Durch alle Bluhmen in die Höhe
Und ward noch einen weissern Schein,
20 Der tausend mal so weiß, der tausend mal so klar,
Fast halb darob erstaunt, gewahr.
Der Blühte Schnee schien schwarz zu seyn
Bey diesem weissen Glanz. Es fiel mir ins Gesicht
Von einem hellen Stern ein weisses Licht,
25 Das mir recht in die Sele stral'te.

Wie sehr ich mich an GOtt im Irdischen ergetze,
Dacht' ich, hat Er dennoch weit grös're Schätze.
Die gröste Schönheit dieser Erden
Kann mit der himmlischen doch nicht verglichen werden.

Johann Wolfgang Goethe
Mailied

Wie herrlich leuchtet
Mir die Natur!
Wie glänzt die Sonne!
Wie lacht die Flur!

5 Es dringen Blüten
Aus jedem Zweig
Und tausend Stimmen
Aus dem Gesträuch

Und Freud und Wonne
10 Aus jeder Brust.
O Erd, o Sonne!
O Glück, o Lust!

O Lieb, o Liebe!
So golden schön,
15 Wie Morgenwolken
Auf jenen Höhn!

Du segnest herrlich
Das frische Feld,
Im Blütendampfe
20 Die volle Welt.

O Mädchen, Mädchen,
Wie lieb ich dich!
Wie blickt dein Auge!
Wie liebst du mich!

25 So liebt die Lerche
Gesang und Luft,
Und Morgenblumen
Den Himmelsduft,

Wie ich dich liebe
30 Mit warmem Blut,
Die du mir Jugend
Und Freud und Mut

Zu neuen Liedern
Und Tänzen gibst.
35 Sei ewig glücklich,
Wie du mich liebst!

Josef Weinheber
Im Grase

Glocken und Zyanen,
Thymian und Mohn.
Ach, ein fernes Ahnen
hat das Herz davon.

5 Und im sanften Nachen
trägt es so dahin.
Zwischen Traum und Wachen
frag ich, wo ich bin.

Seh die Schiffe ziehen,
10 fühl den Wellenschlag,
weiße Wolken fliehen
durch den späten Tag –

Glocken und Zyanen,
Mohn und Thymian.
15 Himmlisch wehn die Fahnen
über grünem Plan:

Löwenzahn und Raden,
Klee und Rosmarin.
Lenk es, Gott, in Gnaden
20 nach der Heimat hin.

Das ist deine Stille,
Ja, ich hör dich schon.
Salbei und Kamille,
Thymian und Mohn,

25 und schon halb im Schlafen
– Mohn und Thymian –
landet sacht im Hafen
nun der Nachen an.

Marie Luise Kaschnitz
Juni

Schön wie niemals sah ich jüngst die Erde.
Einer Insel gleich trieb sie im Winde.
Prangend trug sie durch den reinen Himmel
Ihrer Jugend wunderbaren Glanz.

5 Funkelnd lagen ihre blauen Seen,
Ihre Ströme zwischen Wiesenufern.
Rauschen ging durch ihre lichten Wälder,
Große Vögel folgten ihrem Flug.

Voll von jungen Tieren war die Erde.
10 Fohlen jagten auf den grellen Weiden,
Vögel reckten schreiend sich im Neste,
Gurrend rührte sich im Schilf die Brut.

Bei den roten Häusern im Holunder
Trieben Kinder lärmend ihre Kreisel;
15 Singend flochten sie auf gelben Wiesen
Ketten sich aus Halm und Löwenzahn.

Unaufhörlich neigten sich die grünen
Jungen Felder in des Windes Atem,
Drehten sich der Mühlen schwere Flügel,
20 Neigten sich die Segel auf dem Haff.

Unaufhörlich trieb die junge Erde
Durch das siebenfache Licht des Himmels;
Flüchtig nur wie einer Wolke Schatten
Lag auf ihrem Angesicht die Nacht.

Theodor Storm
Meeresstrand

Ans Haff nun fliegt die Möwe,
Und Dämmrung bricht herein;
Über die feuchten Watten
Spiegelt der Abendschein.

5 Graues Geflügel huschet
Neben dem Wasser her;
Wie Träume liegen die Inseln
Im Nebel auf dem Meer.

Ich höre des gärenden Schlammes
10 Geheimnisvollen Ton,
Einsames Vogelrufen –
So war es immer schon.

Noch einmal schauert leise
Und schweiget dann der Wind;
15 Vernehmlich werden die Stimmen,
Die über der Tiefe sind.

Rainer Maria Rilke
Herbsttag

Herr: es ist Zeit. Der Sommer war sehr groß.
Leg deinen Schatten auf die Sonnenuhren,
und auf den Fluren laß die Winde los.

Befiehl den letzten Früchten voll zu sein;
5 gib ihnen noch zwei südlichere Tage,
dränge sie zur Vollendung hin und jage
die letzte Süße in den schweren Wein.

Wer jetzt kein Haus hat, baut sich keines mehr.
Wer jetzt allein ist, wird es lange bleiben,
10 wird wachen, lesen, lange Briefe schreiben
und wird in den Alleen hin und her
unruhig wandern, wenn die Blätter treiben.

Friedhelm Naudiet
Herbst

der herbsttag
buntbelaubt
behaftet noch
mit sommerwärme
5 gibt mut
stärkt das gefühl
daß alle möglichkeiten
noch einmal
wahrzunehmen sind
10 derweil die nächte
klirrend schon
mit rauhreif überladen
uns erinnern
an die zeit
15 des abschieds
des glücks der sommertage
als alles in uns drängte
nach entfaltung

jetzt ist noch einmal zeit
20 vergängliches
trotz morgennebels
umzumünzen
in den schweren wein
erfüllten seins
25 und fortzufliegen
mit den vögeln
in den blauen
süden

Joseph von Eichendorff
Mondnacht

Es war, als hätt der Himmel
Die Erde still geküßt,
Daß sie im Blütenschimmer
Von ihm nun träumen müßt.

5 Die Luft ging durch die Felder,
Die Ähren wogten sacht,
Es rauschten leis die Wälder,
So sternklar war die Nacht.

Und meine Seele spannte
10 Weit ihre Flügel aus,
Flog durch die stillen Lande,
Als flöge sie nach Haus.

Wilfried Klute
Nacht

Zögernd greifen meine Schritte
in die Stille ich spüre das Atmen
des Raumes es gibt keine Zeit
und kein Chaos der Schmerz ist
5 verblaßt und das Glück verwandelt
achthundert Jahre bin ich alt
oder noch gar nicht geboren
und lebe sprachlos mit den andern
auf der Erde mit Rainfarn und
10 Schöllkraut mit den geduldigen Ulmen
ein langsameres Leben unter
den unbewegten Sternen

Bertolt Brecht
Vom Schwimmen in Seen und Flüssen

1
Im bleichen Sommer, wenn die Winde oben
Nur in dem Laub der großen Bäume sausen
Muß man in Flüssen liegen oder Teichen
Wie die Gewächse, worin Hechte hausen.
5 Der Leib wird leicht im Wasser. Wenn der Arm
Leicht aus dem Wasser in den Himmel fällt
Wiegt ihn der kleine Wind vergessen
Weil er ihn wohl für braunes Astwerk hält.

2
Der Himmel bietet mittags große Stille.
10 Man macht die Augen zu, wenn Schwalben kommen.
Der Schlamm ist warm. Wenn kühle Blasen quellen
Weiß man: ein Fisch ist jetzt durch uns geschwommen.
Mein Leib, die Schenkel und der stille Arm
Wir liegen still im Wasser, ganz geeint
15 Nur wenn die kühlen Fische durch uns schwimmen
Fühl ich, daß Sonne überm Tümpel scheint.

3
Wenn man am Abend von dem langen Liegen
Sehr faul wird, so, daß alle Glieder beißen
Muß man das alles, ohne Rücksicht klatschend
20 In blaue Flüsse schmeißen, die sehr reißen.
Am besten ist's, man hält's bis Abend aus.
Weil dann der bleiche Haifischhimmel kommt
Bös und gefräßig über Fluß und Sträuchern
Und alle Dinge sind, wie's ihnen frommt.

4
25 Natürlich muß man auf dem Rücken liegen
So wie gewöhnlich. Und sich treiben lassen.
Man muß nicht schwimmen, nein, nur so tun, als
Gehöre man einfach zu Schottermassen.
Man soll den Himmel anschaun und so tun
30 Als ob einen ein Weib trägt, und es stimmt.
Ganz ohne großen Umtrieb, wie der liebe Gott tut
Wenn er am Abend noch in seinen Flüssen schwimmt.

Hilde Domin
Linguistik

Du mußt mit dem Obstbaum reden.

Erfinde eine neue Sprache,
die Kirschblütensprache,
Apfelblütenworte,
5 rosa und weiße Worte,
die der Wind
lautlos
davonträgt.

Vertraue dich dem Obstbaum an
10 wenn dir ein Unrecht geschieht.

Lerne zu schweigen
in der rosa
und weißen Sprache.

Klaus Demus
Klein und schwarz...

Klein und schwarz
auf einer Wipfelspitze,
doch mit dem klaren süßen Laut
des Liedes alles füllend
sitzt die Amsel,
und also vor dem Grau
des Regenhimmels
leicht zu entdecken.

Stephan Hermlin
Die Vögel und der Test

Zeitungen melden, daß unter dem Einfluß der
Wasserstoffbombenversuche die Zugvögel über
der Südsee ihre herkömmlichen Routen änderten.

Von den Savannen übers Tropenmeer
Trieb sie des Leibes Notdurft mit den Winden,
Wie taub und blind, von weit- und altersher,
Um Nahrung und um ein Geäst zu finden.

5 Nicht Donner hielt sie auf, Taifun nicht, auch
Kein Netz, wenn sie was rief zu großen Flügen,
Strebend nach gleichem Ziel, ein schreiender Rauch,
Auf gleicher Bahn und stets in gleichen Zügen.

Die nicht vor Wassern zagten noch Gewittern
10 Sahn eines Tags im hohen Mittagslicht
Ein höheres Licht. Das schreckliche Gesicht

Zwang sie von nun an ihren Flug zu ändern.
Da suchten sie nach neuen sanfteren Ländern.
Laßt diese Änderung euer Herz erschüttern...

Bernd Jentzsch
Natur ist wirklich

Natur ist wirklich ein Stück Natur.
Diese mehreren Malven hier, in Gablenz
Der Ahorn, windig, sie stehen fest, ihre
Wurzeln dort, wohin ich reise, im Tal
Der Fluß, man hörts, fragt sich durch.

Arnfried Astel
Die Amsel...

Die Amsel fliegt auf.
Der Zweig winkt ihr nach.

Vorschläge zur Textbetrachtung

1. Welche verschiedenen Weisen der Hinwendung zur Natur spiegeln sich in den Gedichten? Zeigen Sie, wie hinter der Schilderung der Natur die Selbstdarstellung des lyrischen Ichs erkennbar wird.
2. Verdeutlichen Sie, daß Naturlyrik Natur interpretiert. In welchen Gedichten wird jedoch versucht, die Natur in ihrem Eigenwert zu sehen, sie nicht mit Gefühlen des Menschen zu vereinnahmen?
3. Erfassen Sie die Atmosphäre in den Gedichten „Mailied" (S. 17), „Im Grase" (S. 18) und „Meeresstrand" (S. 20). Berücksichtigen Sie jeweils charakteristische Ausdrucksmittel, z. B. Bilderfolge, Gliederung in Strophen, Metaphern, Klänge, rhythmische Bewegung.
4. Welche Dinge und Vorgänge breitet M. L. Kaschnitz (S. 19) vor dem Auge des Lesers aus, welchen Eindruck von Leben und Welt vermittelt sie?
5. Vergleichen Sie: Wie reagieren die lyrischen Ichs in den Gedichten von Rilke/Naudiet (S. 20f.) und Eichendorff/Klute (S. 22) auf die Naturvorgänge „Herbst" und „Nacht"? Betrachten Sie auch die Schülergedichte über den Herbst in Kapitel 1 noch einmal.
6. Welche Beziehung zur Natur empfindet das Ich in Brechts Gedicht (S. 23)? Zeigen Sie, daß ein erzählender Ton den Text prägt.
7. Linguistik ist Sprachwissenschaft. Was trägt der Titel von Hilde Domins Gedicht (S. 24) zur Aussage bei? Wie ist die „neue Sprache" beschaffen, was leistet sie?
8. Zum Gedicht von Stephan Hermlin (S. 25): Inwiefern gibt es einen Grund, unser „Herz erschüttern" zu lassen? Welche Wirkung geht von der Sonett-Form aus?
9. Manche Aussagen dieser Gedichte werden Ihnen ganz oder in Einzelheiten fremd sein, manche entsprechen nicht den geläufigen Vorstellungen, den vertrauten Denkmustern. Bei welchen Texten ist das der Fall? Welche Bedeutung kann die Begegnung mit neuen Sichtweisen für uns Leser haben?

4. LANDSCHAFTEN DES MENSCHEN – AUS DER EPISCHEN LITERATUR

Johann Wolfgang Goethe aus: Die Leiden des jungen Werthers

Goethes Briefroman „Die Leiden des jungen Werthers" erschien anonym im Herbst 1774 (Goethe war 25 Jahre alt) und löste begeisterte Zustimmung (bis zur Nachahmung des Selbstmords) wie auch erbitterte Kritik aus. Er stellt ein repräsentatives Werk jener Strömung in der zweiten Hälfte des 18. Jahrhunderts dar, die als Empfindsamkeit bezeichnet wird und zur Epoche des Sturm und Drang gehört.

Am 10. Mai.

Eine wunderbare Heiterkeit hat meine ganze Seele eingenommen, gleich den süßen Frühlingsmorgen, die ich mit ganzem Herzen genieße. Ich bin allein und freue mich meines Lebens in dieser Gegend, die für solche Seelen geschaffen ist wie
5 die meine. Ich bin so glücklich, mein Bester, so ganz in dem Gefühle von ruhigem Dasein versunken, daß meine Kunst darunter leidet. Ich könnte jetzt nicht zeichnen, nicht einen Strich, und bin nie ein größerer Maler gewesen als in diesen Augenblicken. Wenn das liebe Tal um mich dampft, und die hohe Sonne an der Oberfläche der undurchdringlichen Finsternis meines Waldes ruht, und nur einzelne Strahlen
10 sich in das innere Heiligtum stehlen, ich dann im hohen Grase am fallenden Bache liege, und näher an der Erde tausend mannigfaltige Gräschen mir merkwürdig werden; wenn ich das Wimmeln der kleinen Welt zwischen Halmen, die unzähligen, unergründlichen Gestalten der Würmchen, der Mückchen näher an meinem Herzen fühle, und fühle die Gegenwart des Allmächtigen, der uns nach seinem Bilde schuf,
15 das Wehen des Allliebenden, der uns in ewiger Wonne schwebend trägt und erhält; mein Freund! wenn's dann um meine Augen dämmert, und die Welt um mich her und der Himmel ganz in meiner Seele ruhn wie die Gestalt einer Geliebten – dann sehne ich mich oft und denke: Ach könntest du das wieder ausdrücken, könntest du dem Papiere das einhauchen, was so voll, so warm in dir lebt, daß es würde der
20 Spiegel deiner Seele, wie deine Seele ist der Spiegel des unendlichen Gottes! – Mein Freund – Aber ich gehe darüber zugrunde, ich erliege unter der Gewalt der Herrlichkeit dieser Erscheinungen.

Ludwig Tieck aus: Der Runenberg

Ludwig Tieck (1773–1853), ein Vertreter der Romantik, schrieb um die Wende des 18. Jahrhunderts mehrere Märchen, darunter den „Runenberg" (1802). Diese Märchen bringen die Nachtseiten der Welt und der Menschenseele zum Ausdruck; magische Mächte wirken im Reich der Wunder, des Traums und des Unbewußten.

Jetzt traten sie ins Freie, und das Licht des Mondes, der oben mit seinen Hörnern über der Bergspitze stand, begrüßte sie freundlich: in unkenntlichen Formen und vielen gesonderten Massen, die der bleiche Schimmer wieder rätselhaft vereinigte, lag das gespaltene Gebirge vor ihnen, im Hintergrunde ein steiler Berg, auf welchem uralte verwitterte Ruinen schauerlich im weißen Lichte sich zeigten. „Unser Weg trennt sich hier", sagte der Fremde, „ich gehe in diese Tiefe hinunter, dort bei jenem alten Schacht ist meine Wohnung: die Erze sind meine Nachbarn, die Berggewässer erzählen mir Wunderdinge in der Nacht, dahin kannst du mir doch nicht folgen. Aber siehe dort den Runenberg mit seinem schroffen Mauerwerk, wie schön und anlockend das alte Gestein zu uns herblickt! Bist du niemals dort gewesen?" – „Niemals", sagte der junge Christian, „ich hörte einmal meinen alten Förster wundersame Dinge von diesem Berge erzählen, die ich, töricht genug, wieder vergessen habe; aber ich erinnere mich, daß mir an jenem Abend grauenhaft zumute war. Ich möchte wohl einmal die Höhe besteigen, denn die Lichter sind dort am schönsten, das Gras muß dort recht grün sein, die Welt umher recht seltsam, auch mag sich's wohl treffen, daß man noch manch Wunder aus der alten Zeit da oben fände."

„Es kann fast nicht fehlen", sagte jener, „wer nur zu suchen versteht, wessen Herz recht innerlich hingezogen wird, der findet uralte Freunde dort und Herrlichkeiten, alles, was er am eifrigsten wünscht." – Mit diesen Worten stieg der Fremde schnell hinunter, ohne seinem Gefährten Lebewohl zu sagen, bald war er im Dickicht des Gebüsches verschwunden, und kurz nachher verhallte auch der Tritt seiner Füße. Der junge Jäger war nicht verwundert, er verdoppelte nur seine Schritte nach dem Runenberge zu, alles winkte ihm dorthin, die Sterne schienen dorthin zu leuchten, der Mond wies mit einer hellen Straße nach den Trümmern, lichte Wolken zogen hinauf, und aus der Tiefe redeten ihm Gewässer und rauschende Wälder zu und sprachen ihm Mut ein. Seine Schritte waren wie beflügelt, sein Herz klopfte, er fühlte eine so große Freudigkeit in seinem Innern, daß sie zu einer Angst emporwuchs. – Er kam in Gegenden, in denen er nie gewesen war, die Felsen wurden steiler, das Grün verlor sich, die kahlen Wände riefen ihn wie mit zürnenden Stimmen an, und ein einsam klagender Wind jagte ihn vor sich her. So eilte er ohne Stillstand fort und kam spät nach Mitternacht auf einen schmalen Fußsteig, der hart an einem Abgrunde hinlief. Er achtete nicht auf die Tiefe, die unter ihm gähnte und ihn zu verschlingen drohte, so sehr spornten ihn irre Vorstellungen und unverständliche Wünsche. Jetzt zog ihn der gefährliche Weg neben eine hohe Mauer hin, die sich in den Wolken zu verlieren schien; der Steig ward mit jedem Schritte schmaler, und der Jüngling mußte sich an vorragenden Steinen festhalten, um nicht hinunterzustürzen. Endlich konnte er nicht weiter, der Pfad endigte unter einem Fenster, er mußte still stehen und wußte jetzt nicht, ob er umkehren, ob er bleiben solle. Plötzlich sah er ein Licht, das sich hinter dem alten Gemäuer zu bewegen schien.

Georg Büchner aus: Lenz

Jakob Michael Reinhold Lenz (1751–1792), ein Schriftsteller des Sturm und Drang, hatte ein unruhiges, an Unglück und Enttäuschungen reiches Leben und verfiel schließlich der seelischen Zerrüttung. Büchner nahm dieses Schicksal als Vorlage für die Erzählung „Lenz" (1836), in der er zugleich nüchtern und poetisch in die Seele des Menschen vorzudringen sucht. Das Werk wurde erst nach Büchners Tod 1839 veröffentlicht.

Den 20. Januar ging Lenz durch's Gebirg. Die Gipfel und hohen Bergflächen im Schnee, die Thäler hinunter graues Gestein, grüne Flächen, Felsen und Tannen. Es war naßkalt, das Wasser rieselte die Felsen hinunter und sprang über den Weg. Die Äste der Tannen hingen schwer herab in die feuchte Luft. Am Himmel zogen graue
5 Wolken, aber Alles so dicht, und dann dampfte der Nebel herauf und strich schwer und feucht durch das Gesträuch, so träg, so plump. Er ging gleichgültig weiter, es lag ihm nichts am Weg, bald auf- bald abwärts. Müdigkeit spürte er keine, nur war es ihm manchmal unangenehm, daß er nicht auf dem Kopf gehn konnte. Anfangs drängte es ihm in der Brust, wenn das Gestein so wegsprang, der graue Wald sich
10 unter ihm schüttelte, und der Nebel die Formen bald verschlang, bald die gewaltigen Glieder halb enthüllte; es drängte in ihm, er suchte nach etwas, wie nach verlornen Träumen, aber er fand nichts. Es war ihm alles so klein, so nahe, so naß, er hätte die Erde hinter den Ofen setzen mögen, er begriff nicht, daß er so viel Zeit brauchte, um einen Abhang hinunter zu klimmen, einen fernen Punkt zu erreichen; er
15 meinte, er müsse Alles mit ein Paar Schritten ausmessen können. Nur manchmal, wenn der Sturm das Gewölk in die Thäler warf, und es den Wald herauf dampfte, und die Stimmen an den Felsen wach wurden, bald wie fern verhallende Donner, und dann gewaltig heran brausten, in Tönen, als wollten sie in ihrem wilden Jubel die Erde besingen, und die Wolken wie wilde wiehernde Rosse heransprengten, und
20 der Sonnenschein dazwischen durchging und kam und sein blitzendes Schwert an den Schneeflächen zog, so daß ein helles, blendendes Licht über die Gipfel in die Thäler schnitt; oder wenn der Sturm das Gewölk abwärts trieb und einen lichtblauen See hineinriß, und dann der Wind verhallte und tief unten aus den Schluchten, aus den Wipfeln der Tannen wie ein Wiegenlied und Glockengeläute herauf-
25 summte, und am tiefen Blau ein leises Rot hinaufklomm, und kleine Wölkchen auf silbernen Flügeln durchzogen und alle Berggipfel scharf und fest, weit über das Land hin glänzten und blitzten, riß es ihm in der Brust, er stand, keuchend, den Leib vorwärts gebogen, Augen und Mund weit offen, er meinte, er müssen den Sturm in sich ziehen, Alles in sich fassen, er dehnte sich aus und lag über der Erde,
30 er wühlte sich in das All hinein, es war eine Lust, die ihm wehe that; oder er stand still und legte das Haupt in's Moos und schloß die Augen halb, und dann zog es weit von ihm, die Erde wich unter ihm, sie wurde klein wie ein wandelnder Stern und tauchte sich in einen brausenden Strom, der seine klare Fluth unter ihm zog. Aber es waren nur Augenblicke, und dann erhob er sich nüchtern, fest, ruhig als wäre ein
35 Schattenspiel vor ihm vorübergezogen, er wußte von nichts mehr.

Thomas Mann   aus: Buddenbrooks

Thomas Manns Roman „Buddenbrooks" (1901) erzählt vom Niedergang einer großbürgerlich-hanseatischen Kaufmannsfamilie. Die Geschichte umfaßt vier Generationen zwischen 1835 und 1875. Senator Thomas Buddenbrook, ein stiller und ernster Charakter, gehört zur dritten Generation. Er steht nicht mehr fest genug auf dem Boden einer soliden Geschäftstüchtigkeit, seine Sensibilität läßt ihn die „Wirrnis der inneren Dinge" in der Spannung zwischen Freiheit und Schicksal erfahren. Die folgende Szene spielt an der Ostsee bei Travemünde, wo der alternde Thomas mit seinem Bruder Christian im Herbst 1874 ein paar Erholungstage verbringt. Thomas spricht mit seiner Schwester Antonie (Tony), die ihn besucht.

Als sie hinauf zum „Seetempel" kamen, brach schon die Dämmerung herein; der Herbst war vorgeschritten. Sie standen in einer der nach der Bucht zu sich öffnenden Kammern, in denen es nach Holz roch, wie in den Kabinen der Badeanstalt, und deren roh gezimmerte Wände mit Inschriften, Initialen, Herzen, Versen
5 bedeckt waren. Nebeneinander blickten sie über den feuchtgrünen Abhang und den schmalen, steinigen Strandstreifen hinweg auf die trübbewegte See hinaus.
„Breite Wellen...", sagte Thomas Buddenbrook. „Wie sie daherkommen und zerschellen, daherkommen und zerschellen, eine nach der anderen, endlos, zwecklos, öde und irr. Und doch wirkt es beruhigend und tröstlich, wie das Einfache und
10 Notwendige. Mehr und mehr habe ich die See lieben gelernt... vielleicht zog ich ehemals das Gebirge nur vor, weil es in weiterer Ferne lag. Jetzt möchte ich nicht mehr dorthin. Ich glaube, daß ich mich fürchten und schämen würde. Es ist zu willkürlich, zu unregelmäßig, zu vielfach... sicher, ich würde mich allzu unterlegen fühlen. Was für Menschen es wohl sind, die der Monotonie des Meeres den Vorzug
15 geben? Mir scheint, es sind solche, die zu lange und tief in die Verwicklungen der innerlichen Dinge hineingesehen haben, um nicht wenigstens von den äußeren vor allem eins verlangen zu müssen: Einfachheit... Es ist das wenigste, daß man tapfer umhersteigt im Gebirge, während man am Meere still im Sande ruht. Aber ich kenne den Blick, mit dem man dem einen, und jenen, mit dem man dem andern huldigt.
20 Sichere, trotzige, glückliche Augen, die voll sind von Unternehmungslust, Festigkeit und Lebensmut, schweifen von Gipfel zu Gipfel; aber auf der Weite des Meeres, das mit diesem mystischen und lähmenden Fatalismus seine Wogen heranwälzt, träumt ein verschleierter, hoffnungsloser und wissender Blick, der irgendwo einstmals tief in traurige Wirrnisse sah... Gesundheit und Krankheit, das ist der Unter-
25 schied. Man klettert keck in die wundervolle Vielfachheit der zackigen, ragenden, zerklüfteten Erscheinungen hinein, um seine Lebenskraft zu erproben, von der noch nichts verausgabt wurde. Aber man ruht an der weiten Einfachheit der äußeren Dinge, müde wie man ist von der Wirrnis der inneren."

Hermann Hesse   aus: Unterm Rad

„Unterm Rad", geschrieben 1903, ist die Geschichte eines Jungen, der am Ehrgeiz des Vaters und den Erwartungen der Umwelt zerbricht. Hesse hat in dieser Erzählung eigene Erfahrungen verarbeitet, er klagt das Erziehungssystem jener Zeit an.

Freilich, Ferien haben war doch eigentlich das Schönste. Wie ungewohnt schön der Wald nun wieder war in diesen Morgenstunden, wo es keinen Spaziergänger darin gab als ihn! Säule an Säule standen die Rottannen, eine unendliche Halle blaugrün überwölbend. Unterholz gab es wenig, nur da und dort ein dickes Him-
5 beergestrüppe, dafür einen stundenbreiten, weichen, pelzigen Moosboden, von niederen Heidelbeerstöcken und Erika bestanden. Der Tau war schon getrocknet, und zwischen den bolzgeraden Stämmen wiegte sich die eigentümliche Waldmorgenschwüle, die, aus Sonnenwärme, Taudunst, Moosduft und dem Geruch von Harz, Tannennadeln und Pilzen gemischt, sich einschmeichelnd mit leichter Betäubung an
10 alle Sinne schmiegt. Hans warf sich ins Moos, weidete die dunklen, dichtbestandenen Schwarzbeersträucher ab, hörte da und dort den Specht am Stamme hämmern und den eifersüchtigen Kuckuck rufen. Zwischen den schwärzlich dunklen Tannenkronen schaute fleckenlos tiefblau der Himmel herein, in die Ferne hin drängten sich die tausend und tausend senkrechten Stämme zu einer ernsten braunen Wand
15 zusammen, hie und da lag ein gelber Sonnenfleck warm und sattglänzend ins Moos gestreut. Eigentlich hatte Hans einen großen Spaziergang machen wollen, mindestens bis zum Lützeler Hof oder zur Krokuswiese. Nun lag er im Moos, aß Heidelbeeren und staunte träge in die Luft. Es fing ihn selber an zu wundern, daß er so müde war. Früher war ihm ein Gang von drei, vier Stunden doch gar nichts gewe-
20 sen. Er beschloß, sich aufzuraffen und ein tüchtiges Stück zu marschieren. Und er ging ein paar hundert Schritte. Da lag er schon wieder, er wußte nicht, wie es kam, im Moos und ruhte. Er blieb liegen, sein Blick irrte blinzelnd durch Stämme und Wipfel und am grünen Boden hin. Daß diese Luft so müd machte!
[...]
25 Es war Frühlingsbeginn. Über die runden, schöngewölbten Hügel lief wie eine dünne, lichte Welle das keimende Grün, die Bäume legten ihre Wintergestalt, das braune Netzwerk mit den scharfen Umrissen ab und verloren sich mit jungem Blätterspiel ineinander und in die Farben der Landschaft als eine unbegrenzte, fließende Woge von lebendigem Grün.
30 Früher, in den Lateinschuljahren, hatte Hans den Frühling anders als diesmal betrachtet, lebhafter und neugieriger und mehr im einzelnen. Er hatte die zurückkehrenden Vögel beobachtet, eine Gattung um die andere, und die Reihenfolge der Baumblüte, und dann, sobald es Mai war, hatte er zu angeln begonnen. Jetzt gab er sich keine Mühe, die Vogelarten zu unterscheiden oder die Sträucher an ihren Knos-
35 pen zu erkennen. Er sah nur das allgemeine Treiben, die überall sprossenden Farben, atmete den Geruch des jungen Laubes, spürte die weichere und gärende Luft und ging verwundert durch die Felder. Er ermüdete bald, hatte immer eine Neigung, zu liegen und einzuschlafen, und sah fast fortwährend allerlei andere Dinge, als die ihn wirklich umgaben. Was es eigentlich für Dinge waren, wußte er selbst

nicht, und er besann sich nicht darüber. Es waren helle, zarte, ungewöhnliche Träume, die ihn wie Bildnisse oder wie Alleen fremdartiger Bäume umstanden, ohne daß etwas in ihnen geschah. Reine Bilder, nur zum Anschauen, aber das Anschauen derselben war doch auch ein Erleben. Es war ein Weggenommensein in andere Gegenden und zu anderen Menschen. Es war ein Wandeln auf fremder Erde, auf einem weichen, angenehm zu betretenden Boden, und es war ein Atmen fremder Luft, einer Luft voll Leichtigkeit und feiner, träumerischer Würze. An Stelle dieser Bilder kam zuweilen auch ein Gefühl, dunkel, warm und erregend, als glitte ihm eine leichte Hand mit weicher Berührung über den Körper.
[...]
Es ging schon stark in den Herbst hinein. Aus den dunklen Tannenwäldern leuchteten die vereinzelten Laubbäume gelb und rot wie Fackeln, die Schluchten hatten schon starke Nebel, und der Fluß dampfte morgens in der Kühle.

Noch immer streifte der blasse Exseminarist tagtäglich im Freien umher, war unlustig und müde und floh das bißchen Umgang, das er hätte haben können. Der Arzt verschrieb Tropfen, Lebertran, Eier und kalte Waschungen.

Es war kein Wunder, daß alles nicht helfen wollte. Jedes gesunde Leben muß einen Inhalt und ein Ziel haben, und das war dem jungen Giebenrath verlorengegangen. Nun war sein Vater entschlossen, ihn entweder Schreiber werden oder ein Handwerk lernen zu lassen. Der Junge war zwar noch schwächlich und sollte erst noch ein wenig mehr zu Kräften kommen, doch konnte man jetzt nächstens daran denken, Ernst mit ihm zu machen.

Seit die ersten verwirrenden Eindrücke sich gemildert hatten, und seit er auch an den Selbstmord selber nicht mehr glaubte, war Hans aus den erregten und wechselreichen Angstzuständen in eine gleichmäßige Melancholie hinübergeraten, in die er langsam und wehrlos wie in einen weichen Schlammboden versank.

Nun lief er in den Herbstfeldern umher und erlag dem Einfluß der Jahreszeit. Die Neige des Herbstes, der stille Blätterfall, das Braunwerden der Wiesen, der dichte Frühnebel, das reife, müde Sterbenwollen der Vegetation trieb ihn, wie alle Kranken, in schwere hoffnungslose Stimmungen und traurige Gedanken. Er fühlte den Wunsch, mit zu vergehen, mit einzuschlafen, mit zu sterben, und litt darunter, daß seine Jugend dem widersprach und mit stiller Zähigkeit am Leben hing.

Er schaute den Bäumen zu, wie sie gelb wurden, braun wurden, kahl wurden, und dem milchweißen Nebel, der aus den Wäldern rauchte, und den Gärten, in welchen nach der letzten Obstlese das Leben erlosch und niemand mehr nach den farbig verblühenden Astern sah, und dem Flusse, in welchem Bad und Fischerei ein Ende hatte, der mit dürren Blättern bedeckt war und an dessen frostigen Ufern nur noch die zähen Gerber aushielten.

Peter Weiss aus: Abschied von den Eltern

Die autobiographische Erzählung „Abschied von den Eltern" entstand 1960/61 als Auseinandersetzung des Autors mit seiner Kindheit und Jugend. Sie verdeutlicht in poetischer Form den schwierigen und schmerzhaften Prozeß der Selbstfindung.

Ich rastete am Wegrand, trank Wasser aus Bächen und Brunnen, übernachtete in Herbergen, und nach Wochen geriet ich an den See, lief durch Dickicht und Geröll hinab zum Ufer, warf Rucksack und Kleider von mir und ließ mich hinaustreiben in das laue Wasser. Ich lag auf dem Rücken, bewegte nur leicht meine Hände und
5 Füße, und ringsum stiegen die Berge im Dunst der Dämmerung auf. Weiße Dörfer schimmerten aus den violettgrünen Schatten hervor, und überall läuteten helle Glocken. Es war als schwebte ich rücklings, ich schwebte in der Tiefe eines großen Kelches, dessen Rand im Goldstaub der gesunkenen Sonne zerfloß. Alles Schwere und Bedrängende verging, abgewaschen vom weich liebkosenden Wasser, aufgeso-
10 gen und sich verflüchtigend im perlmutterfarbenen Licht. Hier an diesem See fand ich ein Zwischenreich, hier entstanden Ansätze eines anderen, entspannten, fast glücklichen Daseins. Es war ein Dasein, das an einem dünnen Faden hing, doch sonderbarerweise fand ich in dieser äußerlich immer unsicherer werdenden Lage einen Anflug von innerer Ausgeglichenheit. Ich hatte früher keine Beziehung zur
15 ländlichen Natur gehabt, hatte mich eher verloren in ihr gefühlt, ausgesetzt und der Vergänglichkeit preisgegeben, und nur in den Städten konnte ich etwas wie Zugehörigkeit empfinden, hier aber, in dieser Berglandschaft, diesen Weinhängen, Laubwäldern und alten, aus rohen Steinen zusammengefügten Dörfern, hier in diesem milden Vorsommer, aus dem bald flimmernde, tropische Wärme wurde, erlebte ich
20 Stunden von vegetativer Ruhe. Ich verlor das manische[1] Bedürfnis, tätig zu sein, und konnte am Seeufer in der Sonne liegen, oder im trockenen Gras einer Waldlichtung, ohne daß mich das schlechte Gewissen plagte. Und wenn ich etwas zeichnen oder niederschreiben wollte, so konnte ich vorher lange warten und meditieren, und das Zeichnen und Schreiben war nicht so wichtig, ich konnte es auch bleiben lassen,
25 es war wichtiger, daß ich da war, daß ich lebte, und vor dem Arbeiten mußte ich erst das Erleben lernen. Ich strich durch die dichten, tiefgrünen Wälder, und wenn auch zuweilen der plötzliche Schrecken aufsteigen konnte vor diesem üppigen Wachstum und vor dem Duft der Fäulnis, so überwog doch eine Entdeckungslust, eine Freude am Dasein, unter der ich mich oft laut singend und lachend in der tiefen Einsamkeit
30 fand.

1 *manisch*: krankhaft heiter, erregt

Jürgen Becker Die Wirklichkeit der Landkartenzeichen

> Der Text ist Teil einer lockeren Folge von Prosaskizzen, in denen Zustände, Ereignisse und Wahrnehmungen aus der persönlichen Lebenssphäre registriert und sprachlich bewußt gemacht werden. Dabei stellt der Autor auch Betrachtungen über die Veränderung und Zerstörung von Landschaften an.

Nadelwald finden wir dort, wo die Kartenzeichen der Karte den Bereich des Nadelwaldes markieren. Komm mit in das, was eine Lichtung ist. Mitten in der Lichtung müßte nun das Forsthaus stehen; das Forsthaus steht am Rand der Lichtung. Nun zeige mir den Laubwald; es ist ganz einfach, den Laubwald zu zeigen;
5 beeilen Sie sich, mir den Laubwald zu zeigen. Heide; Heidekraut; ich stelle mir vor im lila Heidekraut zu liegen; das Traurigsein; ein Flugzeug über Schweden; ich erinnere mich an die Hexen-Heide mit Manon; die Landkarte zeigt nicht die Spuren der Panzer in der Heide; den Fahrer des Geländewagens warnt das Zeichen für Sand in der Heide. Die Kartenzeichen deuten auf Landschaft in Norddeutschland hin;
10 Strandhafer wächst in Norddeutschland; wo Strandhafer verzeichnet ist, muß Strand sein; da ist der Strand. Man nimmt einen Strand wahr, einen Strand mit Kähnen, einen Strand mit Körben, einen leeren Strand, einen Strand voller Quallen, einen weißen, einen mit zerknackten Muscheln übersäten, einen steinigen, einen Strand voll zerschossener Amphibienfahrzeuge, einen verschneiten, einen schwar-
15 zen, einen Strand voller Transistorradios, mit Pferdespuren, voll Seetang, voll Buden mit Hamburgers und Cola, einen FKK-Strand, einen Militär-Gebiet-Strand, einen Strand voller Strandburgen, einen Strand am Karfreitag, einen Strand am Allerheiligentag, einen Strand mit Namen Hennestrand, einen Strand als Piste, einen Strand als Filmkulisse, einen Strand mit einem Strand-Hotel im Januar, einen
20 Strand als Foto des Strandes von Dünkirchen[1], einen Strand im Zusammenhang mit dem Namen Wilma Montesi, einen Strand voll Appartement-Hochhäuser, einen Theodor-Storm-Strand, einen Strand der echten Kampener[2], einen Strand voll Zeitungen und Butterbrotpapier, einen Strand nach einer wirklichen römischen Party, einen Literatur-Strand, einen Strand mit Gerard Malanga, einen Strand voll weißer
25 Baumstümpfe, einen pornographischen Strand, einen privaten Strand, einen unterentwickelten Strand, einen revanchistischen Strand, einen artifiziellen[3] Strand, einen Landkartenpapier-Strand. Der Leuchtturm leuchtet dort, wo das Kartenzeichen einen Leuchtturm verzeichnet. Wenn es eine Wattengrenze gibt, markiert eine punktierte Linie die Wattengrenze, draußen, im Watt, in der Nähe des Zeichens für
30 eine Bake in der Nähe der Tiefenlinien des Meeres. Eisenbahnfähre, Trajekt. Autofähre, Eisenbahndamm. Im Schlafwagen knipst morgens kurz vor dem Westerländer Bahnhof in seinem Single-Coupé der Programmdirektor des Westdeutschen

---

1 *Dünkirchen*: Stadt an der französischen Kanalküste, Kriegsschauplatz im Zweiten Weltkrieg
2 *Kampen*: Ortschaft auf Sylt
3 *artifiziell*: künstlich

Fernsehprogramms die Frühnachrichten im Kofferradio aus. Nach einem letzten Blick auf das Meer, auf das Kartenzeichen eines fernen Feuerschiffes, ziehen wir uns nun vom Meer zurück und gelangen zurück wieder in den Wald; es ist Mischwald, kenntlich daran, daß die Zeichen für Nadelwald und Laubwald gemischt sind. Ich reiche dir die Hand, um dir bei deinen Balanceakten über ein Pfützengebiet zu helfen; Hand in Hand folgen wir dem Pfad, der sich in dichten Buschwerk-Markierungen verläuft; Buschwerk, Unterholz, wir suchen was wo's weich und Moos und kein Gezweig reißt, sticht und knackt, Sonne hoch, ganz heiß und Schnaken summen über uns; versteckt, verschwitzt, und komm, und komm. Wie soll es weitergehen. Eine Straße findet man eingezeichnet in der Buschwerk-Gegend, nein, es ist die Autobahn mit einer Autobahnauffahrt, ich erfinde einen Sonntag und Massenverkehr dazu und es paßt dahin die Wiese jenseits der Autobahn als Campingplatz voll rosafarbener Plastic-Geräte zwischen Unterwegs-im-eigenen-Heim-Zelten und Bungalows-auf-Rädern-für-uns-zwei-beide-oder-die-ganze-Familie-mit-Hund; was hören wir denn da: das muß die Luxemburger Funk-Kantine sein. Gänsefüßchen mit Querstrichen bezeichnen eine nasse Wiese. Einige Schritte weiter warnt das Glucksen unter unseren Gummistiefeln vor weiteren Schritten in das Sumpfland, ins Moor. Also Westfalen. Aus dem Moor ragt eine Hand. Verstreut zwischen Seegras, Flügeltang, Rohrkolben, Tüpfelfarn, Sumpfporst, Wasserlinsen und Pfeilkraut liegen Frotteehemden, Caprihosen, Schaumgummikissen, Einwegflaschen, Klapptische, Picknickkoffer, Heinz-Suppendosen, Strandschuhe, Pappteller, Schuma-Kaffeedosen, Becks-Bierdosen, Robertson-Konfitürgläser, Löwensenf-Tuben, Colgate-Tuben, Michelin-Reifen, Good-Year-Reifen, Dunlop-Reifen, Marlboro-Packungen, Autositze, Weihnachtsbäume, Pirelli-Reifen, 59er Opel Kapitän-Modelle, 48er Sofa-Ausführungen und weiteres Belastungsmaterial, das in eine kritische Abhandlung über gesellschaftlich vermittelte Natur und Leben-im-Überfluß hineingehört. Schöne Gegend hier.

Max Frisch aus: Homo faber

Walter Faber, der Held des Romans „Homo faber" (geschrieben 1955–57), ist Ingenieur. Im Laufe der von ihm berichteten Ereignisse erlebt Faber den Einbruch irrationaler Kräfte (Natur, Liebe, Tod) in sein technisch-rationales Weltbild. – In dem Textauszug befindet sich der Erzähler nach einem Flugzeugabsturz in der Wüste in einer ungewissen Lage.

Ich habe mich schon oft gefragt, was die Leute eigentlich meinen, wenn sie von Erlebnis reden. Ich bin Techniker und gewohnt, die Dinge zu sehen, wie sie sind. Ich sehe alles, wovon sie reden, sehr genau; ich bin ja nicht blind. Ich sehe den Mond über der Wüste von Tamaulipas – klarer als je, mag sein, aber eine errechen-
5 bare Masse, die um unseren Planeten kreist, eine Sache der Gravitation, interessant, aber wieso ein Erlebnis? Ich sehe die gezackten Felsen, schwarz vor dem Schein des Mondes; sie sehen aus, mag sein, wie die gezackten Rücken von urweltlichen Tieren, aber ich weiß: Es sind Felsen, Gestein, wahrscheinlich vulkanisch, das müßte man nachsehen und feststellen. Wozu soll ich mich fürchten? Es gibt keine urwelt-
10 lichen Tiere mehr. Wozu sollte ich sie mir einbilden? Ich sehe auch keine versteinerten Engel, es tut mir leid; auch keine Dämonen, ich sehe, was ich sehe: die üblichen Formen der Erosion, dazu meinen langen Schatten auf dem Sand, aber keine Gespenster. Wozu weibisch werden? Ich sehe auch keine Sintflut, sondern Sand, vom Mond beschienen, vom Wind gewellt wie Wasser, was mich nicht überrascht;
15 ich finde es nicht fantastisch, sondern erklärlich. Ich weiß nicht, wie verdammte Seelen aussehen; vielleicht wie schwarze Agaven in der nächtlichen Wüste. Was ich sehe, das sind Agaven, eine Pflanze, die ein einziges Mal blüht und dann abstirbt. Ferner weiß ich, daß ich nicht (wenn es im Augenblick auch so aussieht) der erste oder letzte Mensch auf der Erde bin; und ich kann mich von der bloßen Vorstel-
20 lung, der letzte Mensch zu sein, nicht erschüttern lassen, denn es ist nicht so. Wozu hysterisch sein? Gebirge sind Gebirge, auch wenn sie in gewisser Beleuchtung, mag sein, wie irgend etwas anderes aussehen, es ist aber die Sierra Madre Oriental, und wir stehen nicht in einem Totenreich, sondern in der Wüste von Tamaulipas, Mexico, ungefähr sechzig Meilen von der nächsten Straße entfernt, was peinlich ist, aber
25 wieso ein Erlebnis? Ein Flugzeug ist für mich ein Flugzeug, ich sehe keinen ausgestorbenen Vogel dabei, sondern eine Super-Constellation mit Motor-Defekt, nichts weiter, und da kann der Mond sie bescheinen, wie er will. Warum soll ich erleben, was gar nicht ist? Ich kann mich auch nicht entschließen, etwas wie die Ewigkeit zu hören; ich höre gar nichts, ausgenommen das Rieseln von Sand nach jedem Schritt.
30 Ich schlottere, aber ich weiß: in sieben bis acht Stunden kommt wieder die Sonne. Ende der Welt, wieso? Ich kann mir keinen Unsinn einbilden, bloß um etwas zu erleben. Ich sehe den Sand-Horizont, weißlich in der grünen Nacht, schätzungsweise zwanzig Meilen von hier, und ich sehe nicht ein, wieso dort, Richtung Tampico, das Jenseits beginnen soll. Ich kenne Tampico. Ich weigere mich, Angst zu
35 haben aus bloßer Fantasie, beziehungsweise fanatisch zu werden aus bloßer Angst, geradezu mystisch.

Vorschläge zur Textbetrachtung
1. Wie ist die Beziehung Werthers zur Natur in dem abgedruckten Brief (S. 27)? Untersuchen Sie den Text sehr genau, bis in den Satzbau.
2. Wie erleben die Personen den landschaftlichen Raum in der Erzählung „Der Runenberg" (S. 28)? Vergleichen Sie mit „Werther" (S. 27).
3. Untersuchen Sie die Beziehung zwischen der Landschaftsdarstellung und Lenz' seelischem Befinden (S. 29). Für wen hat die geschilderte Landschaft größere Bedeutung: für Lenz oder für den Leser der Erzählung?
4. Was erlebt Thomas Buddenbrook (S. 30), und wie deutet er das Erlebte?
5. In den drei Auszügen aus Hesses Erzählung „Unterm Rad" (S. 31 f.) wird das Naturerleben eines Jugendlichen geschildert. Inwiefern bleibt das Verhältnis zur Natur gleich, inwiefern ändert es sich von einem Erzählabschnitt zum anderen? Können Sie diese Erlebnisweise nachvollziehen?
6. In der Erzählung „Abschied von den Eltern" (S. 33) sieht der Erzähler an einem Wendepunkt seines Lebens die Natur auf eine neue Weise. Wie hängen das Landschaftserlebnis und die innere Veränderung zusammen?
7. Wovon handelt der Text „Die Wirklichkeit der Landkartenzeichen" (S. 34 f.), von der Landkarte oder der Landschaft? Was tut der Autor: beschreiben, erklären, erinnern, erfinden? Was will er bewußtmachen? Welche Erfahrungen der Leser werden angesprochen?
8. Walter Faber (S. 36) gibt Auskunft über sein Naturverständnis. Welche Einstellung lehnt er ab, zu welcher bekennt er sich? Charakterisieren Sie Faber auf der (begrenzten) Grundlage dieses Textauszuges. Sind Lebenssituationen denkbar, die Faber zu einem Umdenken veranlassen könnten?
9. Die Schilderung der Landschaft ist nie nur Wiedergabe äußerer Wirklichkeit, sondern gibt auch Auskunft über die Haltung des Menschen zu seiner Welt und zu sich selbst. Damit sind die Texte zugleich zeitgebunden. Werten Sie unter diesem Gesichtspunkt alle Texte dieses Kapitels aus.

5. DIE SCHWEIGENDEN GEFÄHRTEN – BEGEGNUNG MIT BÄUMEN

Archibald Quartier   Der Baum als Spender des Lebens

Aus einer nur 5 g schweren Eichelfrucht entsteht eine stattliche Eiche von mehreren Tonnen Gewicht. Ihr Holz ist gewissermaßen Gefäß und Stütze für sehr feine, aber ungeheuer aktive Schichten und Organe. Stamm und Zweige sind von der Rinde umgeben, deren äußerer Teil abstirbt und die Borke bildet. Holz und Rinde werden durch das Kambium voneinander getrennt. Von ihm geht die Zellvermehrung, das Dickenwachstum des Stammes aus. Es bildet außerdem den weichsten Teil der Rinde, den Bast. Durch ihn wird vor allem der in den Blättern erzeugte Zucker abwärts transportiert. Das Innere des Stammes ist das Mark, welches mit der Rinde durch schmale, radial verlaufende Markstrahlen verbunden ist. Das Mark oder Holz eines Stammes dient neben der Festigung vor allem der Leitung von Waser und Nährsalzen, und zwar von der Wurzel bis in die äußersten Blattspitzen. Im Holz verlaufen daneben noch zahlreiche, harzführende Kanäle. Im Erdreich werden die feinsten Würzelchen von Wurzelhärchen umgeben. Sie stellen gleichzeitig deren aktivste Teile dar, denn sie saugen sich mit Wasser voll wie Fließpapier und nehmen unentbehrliche Nährstoffe, die das Wasser enthält, auf: Stickstoff, Phosphor, Schwefel, Kalium, Magnesium, Kalzium und Eisen.
[...]
In der Geschichte des Lebens auf der Erde stellt das Auftreten der Bäume ein wichtiges Ereignis dar, durch das sich viel Neues und eine Unzahl von Arten und Gattungen entwickeln konnte. Tiere und Pflanzen begannen zu klettern. Viele besitzen Zangen oder Haken, mit Hilfe derer sie sich festhalten können. Manche Tiere lernten zu gleiten, zu flattern und schließlich zu fliegen.
Sicher ist, daß alle diese neuen Tierarten das saftige Fleisch der Früchte oder die fetthaltigen Samenkörner, das tote oder lebende Holz konsumieren. Bevor es Bäume und Sträucher gab, spielten Meeresalgen und einige Pflanzen auf dem Festland eine wichtige Rolle für die Ernährung, aber erst die Bäume schufen einen Überfluß an lebender Materie und damit reiche Nahrung für eine Vielzahl von neuen Arten. Alle Pflanzenfresser sind Beute für die Fleischfresser. Um welche Tiere es sich auch handeln mag, sie leben von abgestorbenen Pflanzen oder dem Aas anderer Tiere. Ohne grüne Pflanzen gäbe es keine Gazellen, ohne Gazellen keine Löwen.
Die Bäume sind ein wichtiger Luftfilter. Sie absorbieren Staub und Mikroben. In einem großen Kaufhaus einer europäischen Großstadt kann man etwa 4 Millionen Bakterien pro m^3 Luft feststellen. In einer Hauptgeschäftsstraße findet man 575 000, in einem städtischen Park 1000, in einem Wald 50 bis 55 pro m^3. Da die Bäume die Bakterien zum Teil absorbieren, ist es von größter Wichtigkeit, den Baumbestand in unseren Städten als Luftfilter und Sauerstofflieferanten unbedingt zu erhalten, bes-

ser wäre es noch, den Bestand zu vergrößern. Bis vor wenigen Jahren fielen Bäume, Parks und Alleen dem Straßenbau rücksichtslos zum Opfer. Heute hat man die Bedeutung der Bäume und Sträucher für die Städte erkannt und versucht, sie als
40 grüne Lungen zu erhalten.
   Man sagt, ein Mensch, der einen einzigen Baum gepflanzt hat, hätte sein Leben nicht vertan. Schon drei Bäume genügen, um ihn mit soviel Sauerstoff zu versorgen, wie er während eines 75jährigen Lebens zum Atmen benötigt.

Wolf Hockenjos Weltenbaum Esche

   Als Sinnbild für die Einheit der Welt und als vornehmster Wohnsitz ihrer Götter schien den nordischen Sängern kein Baum besser geeignet zu sein als die hochragende – im Norden nur selten vorkommende – Esche; ihr Stamm galt ihnen als himmeltragende Säule, ihr Wipfel wölbte sich weit über die Erde, ihre Wurzeln
5 erstreckten sich durch dreierlei Welten bis hinab ins Reich der Toten: Yggdrasil, die Weltesche der germanischen Mythologie, Schutzbaum des Alls, Schicksalsbaum, von den Schatten des Todes umnebelt. In ihrer Krone horstet der Adler, an ihren Wurzeln nagt der Drache, Ziege und Hirsch äsen an ihren Knospen, und das Zwietracht stiftende Eichhorn huscht zwischen Adler und Drachen hin und her. Doch
10 zwischen ihren Wurzeln sprudelt der Brunnen der Weisheit, aus dem die Nornen[1] sie benetzen, denn stirbt die Esche ab, so vergeht die Welt.

Schöpfungsgeschichte

   Und Gott der Herr ließ allerlei Bäume aus der Erde wachsen, lieblich anzusehen und gut zu essen, und den Baum des Lebens mitten im Garten, und den Baum der Erkenntnis des Guten und des Bösen.

---

1 *Nornen*: im germanischen Glauben die drei Göttinnen, die das Schicksalsgewebe herstellen, dem niemand entrinnen kann.

Hermann Hesse aus: Peter Camenzind

Die Erzählung „Peter Camenzind" (1904) schildert den Lebensweg eines einsamen Menschen, den immer Zweifel und Sehnsüchte beunruhigen. Nachdem er Schule und Universität durchlaufen und sich als Künstler durchgeschlagen hat, kehrt er in sein Heimatdorf zurück und erkennt, daß sich wahres Menschsein nur im begrenzten ländlichen Kreis entfalten kann. Der folgende Auszug stammt vom Anfang der Erzählung, wo der Ich-Erzähler die Berglandschaft seiner Heimat und seine Beziehung zu ihr schildert.

Und ich sah Matten und Hänge und erdige Felsritzen mit Gräsern, Blumen, Farnen und Moosen bedeckt, denen die alte Volkssprache merkwürdige, ahnungsvolle Namen gegeben hatte. Sie lebten, Kinder und Enkel der Berge, farbig und harmlos an ihren Stätten. Ich befühlte sie, betrachtete sie, roch ihren Duft und lernte ihre
5 Namen. Ernster und tiefer berührte mich der Anblick der Bäume. Ich sah jeden von ihnen sein abgesondertes Leben führen, seine besondere Form und Krone bilden und seinen eigenartigen Schatten werfen. Sie schienen mir, als Einsiedler und Kämpfer, den Bergen näher verwandt, denn jeder von ihnen, zumal die höher am Berge stehenden, hatte seinen stillen, zähen Kampf um Bestand und Wachstum, mit
10 Wind, Wetter und Gestein. Jeder hatte seine Last zu tragen und sich festzuklammern, und davon trug jeder seine eigene Gestalt und besondere Wunden. Es gab Föhren, denen der Sturm nur auf einer einzigen Seite Äste zu haben erlaubte, und solche, deren rote Stämme sich wie Schlangen um überhängende Felsen gebogen hatten, so daß Baum und Fels eins das andere an sich drückte und erhielt. Sie sahen
15 mich wie kriegerische Männer an und erweckten Scheu und Ehrfurcht in meinem Herzen.
Unsere Männer und Frauen aber glichen ihnen, waren hart, streng gefaltet und wenig redend, die besten am wenigsten. Daher lernte ich die Menschen gleich Bäumen oder Felsen anschauen, mir Gedanken über sie zu machen und sie nicht weni-
20 ger zu ehren und nicht mehr zu lieben als die stillen Föhren.

Bertolt Brecht Herr K. und die Natur

Befragt über sein Verhältnis zur Natur, sagte Herr K.: „Ich würde gern mitunter aus dem Haus tretend ein paar Bäume sehen. Besonders da sie durch ihr der Tages- und Jahreszeit entsprechendes Andersaussehen einen so besonderen Grad von Realität erreichen. Auch verwirrt es uns in den Städten mit der Zeit, immer nur
5 Gebrauchsgegenstände zu sehen, Häuser und Bahnen, die unbewohnt leer, unbenutzt sinnlos wären. Unsere eigentümliche Gesellschaftsordnung läßt uns ja auch die Menschen zu solchen Gebrauchsgegenständen zählen, und da haben Bäume wenigstens für mich, der ich kein Schreiner bin, etwas beruhigend Selbständiges, von mir Absehendes, und ich hoffe sogar, sie haben selbst für die Schreiner einiges
10 an sich, was nicht verwertet werden kann."

„Warum fahren Sie, wenn Sie Bäume sehen wollen, nicht einfach manchmal ins Freie?" fragte man ihn. Herr Keuner antwortete erstaunt: „Ich habe gesagt, ich möchte sie sehen *aus dem Hause tretend.*"

(Herr K. sagte auch: „Es ist nötig für uns, von der Natur einen sparsamen Gebrauch zu machen. Ohne Arbeit in der Natur weilend, gerät man leicht in einen krankhaften Zustand, etwas wie Fieber befällt einen.")

Ilse Tubbesing Bäume

„Wir müssen uns wieder getrauen, von den Bäumen zu sprechen. Denn die Bäume sind jetzt schon fast wichtiger als das jeweilige Regierungssystem." Der Mann, von dem diese Worte stammen, Walter Vogt, ist Schweizer.

Sensibilisiert sind wir heute, wenn es sich um Bäume handelt. Auch wenn diese Erkenntnis bis zu mancher Behörde noch nicht vorgedrungen zu sein scheint – besonders wenn sie mit Straßenbau zu tun hat. Eine alte Allee, die irgendwo einer Straßenverbreiterung zum Opfer fallen soll, bringt Demonstrationen auf den Plan, und in manchen Städten gibt es sogar schon Patenschaften für Bäume. Anlieger gießen den städtischen Baum, der vor ihrer Haustür steht. Er wächst ihnen ans Herz, er gehört ihnen, auch wenn er ihnen nicht gehört.

Wie aktuell plötzlich auch hier wieder Hermann Hesse ist, der Bäume inbrünstig geliebt und ihren Verlust bitter beklagt hat: „Die alten Kastanien standen nicht mehr an ihrem Platz, ... es war ein schauerhaftes Schlachtfeld, auch die Linden und die Ahorne waren gefallen, Baum an Baum... Mir war, als sei ich selber mit allen geheimen Wurzeln ausgerissen und in den unerbittlich grellen Tag gespien worden."

Alte Bäume, sie rühren unser Herz an. Da gleitet die Hand fast ohne unser Zutun über die rissige, narbenreiche Rinde. Man sieht, wie der Baum sich gewehrt hat in den Jahrhunderten, Stürmen und kalten Wintern, Dürreperioden, Blitzschlag und menschlichen Eingriffen trotzte. Und es ist, als spürte er Zuneigung und Gedanken. Wie ein Tier sie spürt. Der Baum hat eine Seele. Hat der Baum eine Seele?

Ich erinnere mich an eine Reise durch die Savannen des Senegal. Im Gegenlicht des Sonnenuntergangs zeichneten die riesigen, einzelstehenden Baobabbäume ihre dunkle Silhouette gegen Türkisblau und Orangerot. Seltsame Gestalten waren das. Kein Baum glich dem anderen. Mächtige, jahrhundertealte Solitäre[1], die wie die Herrscher dieser Landschaft anmuteten.

Und einer der Afrikaner erzählte, seine Landsleute seien trotz Christentum und Islam im Grunde ihrer Seele Animisten[2] geblieben. Auch der Europäer konnte es sehen: Diese eigenwilligen Baumgestalten mit ihren seltsamen, wirren Gesichtern sind Persönlichkeiten, Individuen. Unverwechselbar. Wer wollte leugnen, daß sie eine Seele haben?

1 *Solitär*: Einzeln, außerhalb des Waldes stehender Baum
2 *Animismus*: Glaube an die Beseelung des Alls, der Natur

In unseren Breiten, in Deutschland zumal, sind tausendjährige Bäume kostbare Raritäten. Unikate[3] der Natur. Ökologen, von denen man ja nicht unbedingt annimmt, daß sie an die Seele eines Baumes glauben, haben ausgerechnet, man müs-
35 se Tausende junger Bäume pflanzen, um den ökologischen Nutzen eines hundertjährigen Baumes in der Großstadt zu ersetzen. Es gibt sie noch, alte Bäume, auch in unseren großen Städten. Einsame, geliebte, gefährdete Majestäten.

Es ist immer der Solitär, der einzelstehende Baum, der Platz und Zeit hatte, sich ungehindert zu entfalten, der grüne Einsiedler, dem unsere besondere Liebe gehört.
40 In allen Weltreligionen war der Baum heilig, nicht der Wald. Bei den Germanen etwa galt die Weltesche Yggdrasil als Sinnbild des Lebens. Und ist nicht auch die germanische Vorstellung, wonach Mann und Frau aus einer Ulme und einer Esche stammen, freundlicher als die christliche Version, wonach wir aus Staub und einer Rippe sind...? Die Germanen waren es auch, die das Gesetz kannten: Wer einen
45 Baum tötet, soll selbst geköpft werden.

Duldsamer war ein kleiner Duodezfürst[4] im Schwäbischen. Er verlangte: Wenn ein Kind geboren wurde, mußte ein Baum gepflanzt werden. Und wer einen Baum fällte, hatte zwei neue zu pflanzen. Alldieweil er Schwabe war, mußten es ertragreiche Obstbäume sein. Die ganze Region ist noch heute voll davon.
50 Im Schwäbischen, in einem von Kriegswirren zerstörten Schloß, stehen auch jene mehrhundertjährigen Ulmen, die Uhland besang:
„Zu Hirsau in den Trümmern,
da wiegt ein Ulmenbaum
Frischgrünend seine Krone
55 Hoch überm Giebelsaum."

Diese Bäume wölben sich statt eines Daches „hinauf ins Himmelblau". Wie Wahrzeichen des Überlebens. Tröstlich und schützenswert. Denn – wer wollte leben ohne den Trost der Bäume?

Sarah Kirsch
Bäume

Früher sollen sie
Wälder gebildet haben und Vögel
Auch Libellen genannt kleine
Huhnähnliche Wesen die zu
Singen vermochten schauten herab.

---

3 *Unikat:* Einzige Ausfertigung eines [Schrift]Stückes, im Unterschied zum Duplikat
4 *Duodezfürst:* Herrscher in einem lächerlich kleinen Fürstentum

Walter Helmut Fritz
Bäume

Wieder hat man in der Stadt,
um Parkplätze zu schaffen,
Platanen gefällt.
Sie wußten viel.
5 Wenn wir in ihrer Nähe waren,
begrüßten wir sie als Freunde.
Inzwischen ist es fast
zu einem Verbrechen geworden,
nicht über Bäume zu sprechen,
10 ihre Wurzeln,
den Wind, die Vögel,
die sich in ihnen niederlassen,
den Frieden,
an den sie uns erinnern.

Vorschläge zur Textbetrachtung und Textanfertigung
1. Bäumen kann man im alltäglichen Leben ganz verschiedene Bedeutungen zuweisen. Sprechen Sie noch vor der Textbetrachtung über Ihre eigene Einstellung zu Bäumen. Von welchen persönlichen Bedingungen werden Ihre Beziehungen zu Bäumen beeinflußt?
2. Schreiben Sie Ihre Gedanken und Empfindungen aus der Begegnung mit Bäumen auf. Jeder wähle seine persönliche Perspektive und eine passend erscheinende Textart: „Meine Allee", „Lebensbäume – Totenbäume", „Eine Bergkiefer im Gang des Jahres", „Pappeln am See", „Die beiden Ulmen auf unserm Hof", „Bäume im Nebel" – dies sollen nur Anregungen sein.
3. Markieren Sie im Text auf Seite 38f. Schlüsselbegriffe, gliedern Sie den Text in Sinnabschnitte und bilden Sie Zwischenüberschriften. An wen wendet sich der Text: Wer interessiert sich für ihn, für wen ist er verständlich?
4. Welche Lehre enthält der Standpunkt von Herrn K. (S. 40f.)? Vergleichen Sie diese Aussage mit der von A. Portmann (S. 2).
5. In dem Gedicht „Bäume" von W. H. Fritz (S. 43) wird auf ein Brecht-Zitat angespielt. Brecht hatte während des Exils in dem Gedicht „An die Nachgeborenen" geschrieben:
   „Was sind das für Zeiten, wo
   Ein Gespräch über Bäume fast ein Verbrechen ist
   Weil es ein Schweigen über so viele Untaten einschließt!"
Was leistet dieser Verweis auf Brechts Gedanken?
6. In den Texten dieses Kapitels sind verschiedene Beziehungen der Menschen zu den Bäumen zu erkennen. Als was werden Bäume angesehen? Welche Eigenschaften werden ihnen zugeschrieben? Welche Bedeutung wird ihnen für das Leben der Menschen beigemessen?
7. Identifizieren Sie die in diesem Kapitel vertretenen Textarten und machen Sie sich deren spezifische Beschaffenheit und Aufgabe klar.

6. VERGLEICHSWEISE – NATUR-THEMEN IN VERSCHIEDENEN TEXTARTEN

Adalbert Stifter   Anfangs war meine ganze Seele...

Anfangs war meine ganze Seele von der Größe des Bildes gefaßt: wie die endlose Luft um mich schmeichelte, wie die Steppe duftete und ein Glanz der Einsamkeit überall und allüberall hinauswebte: – aber wie das morgen wieder so wurde, übermorgen wieder – immer gar nichts als der feine Ring, in dem sich Himmel und Erde küßten, gewöhnte sich der Geist daran, das Auge begann zu erliegen und von dem Nichts übersättigt zu werden, als hätte es Massen von Stoff auf sich geladen – es kehrte in sich zurück, und wie die Sonnenstrahlen spielten, die Gräser glänzten, zogen verschiedene einsame Gedanken durch die Seele.

Fritz Achilles u. a.   Dieses teils feuchte, teils trockene Land...

Dieses teils feuchte, teils trockene Land war noch vor wenigen Jahrzehnten ein Grasland, auf dem große Rinder-, Pferde- und Schafherden weideten. Die ungarischen Hirten, Nachkommen des einstigen Nomadenvolkes der Madjaren, konnten auf ihren schnellen Pferden stundenlang über die weite Grassteppe reiten, bevor sie die nächsten menschlichen Siedlungen und Felder erreichten. Das Land trägt den Namen „Pußta", was so viel wie Grassteppe oder Ödland bedeutet.

Erhart Kästner Eigentlich hatte ich mir...

    Eigentlich hatte ich mir die Wüste gedacht als unabsehbare Menge gesiebten sauberen Sands. Die Wirklichkeit war verzweifelt viel weniger schön. Es war eben wüst, weiter nichts. Soweit man sah, war verkommenes Land; Verkommenheit war es, woraus sich im wesentlichen die Wüste ergab. Steine und Lehm und Sand waren
5 von Millionen glühenden Sonnen verbacken zu diesem graugelben Einerlei, das nun überall war.
    Auch darin hatte ich mich getäuscht: ich hatte unklar gedacht, in der Wüste stehe man mitten im Flachen und sehe Unendlichkeit rings um sich her. Auch das war nicht wahr. Unwert verminderte das Nahe so sehr und riß so viel Ferne herbei, daß
10 immer irgendeine Höhe da war, die die Aussicht verstellte. Das Auge, das sonst keine Gaben empfing, bemaß Hügel und Täler stärker als sonst, und übertrieb. So kam es, daß man in einem Tal zu sein glaubte, wenn man sich nur in einer flachen Mulde befand. Dann wieder glaubte man auf einer Höhe zu stehen, ohne daß man bemerkt hätte, gestiegen zu sein. Und einen Hügelzug, den man lange vor Augen hatte als
15 einen gelben beträchtlichen Wall, erstieg man nachher im Nu: es war nur eine unerhebliche Schwelle.

Gerhard Mostler Durch den Wechsel...

    Durch den Wechsel hoher Tages- und niedriger Nachttemperaturen wird das Gestein starken Spannungen ausgesetzt; nachts hört man es oft mit lautem Knall zerspringen. Bei dem Mangel an fließendem Wasser bleiben die Gesteinstrümmer liegen und werden nur vom Wind ausgeblasen. Die Sande werden hierbei zu Dünen
5 zusammengeweht. Aus der Richtung der Dünen kann man auf die vorherrschende Windrichtung schließen. Die mechanische Verwitterung überwiegt ganz allgemein; denn für die chemische Verwitterung ist Wasser notwendig.
    Die Oberfläche der Wüste kann sehr verschiedenartig sein. Nur ungefähr ein Fünftel aller Wüsten sind Sandwüsten (arabisch: Erg), die windgeformten Dünen
10 sehen aus größerer Höhe wie die Wellen einer stark bewegten See aus. Es gibt auch weite kiesübersäte Flächen, die Serirs, die einen festen Fahruntergrund abgeben. In der Felswüste (Hamada) ist der Boden mit Gesteinstrümmern bedeckt. In der Salztonwüste (Sebcha, Kewir) kommt es zu Salzausblühungen, so daß der Boden von einer Salzkruste überzogen wird. Die in der Wüstenregion liegenden hohen Gebirge
15 zeigen schroffe Grate und schuttübersäte Hänge.

Hans Kasper
Nachricht

Frankfurt. Zehntausend Fische erstickten
Im öligen Main.
Kein
Grund für die Bürger der Stadt
5 zu erschrecken.
Die Strömung ist günstig,
sie treibt
das
Heer der silbernen Leichen,
10 der Fliegengeschmückten,
rasch
an den Quais vorbei.
Der Wind
verweht den Geruch,
15 ehe er unsere verletzlichen Sinne
erreicht.
Alles
ist auf das beste geordnet.

Rheinaale sind voller Gift

Wiesbaden (dpa) Vor dem Verzehr von Aalen aus dem Rhein oder seinen Nebenflüssen hat der hessische Umweltminister Karl Schneider gewarnt. Er begründete dies mit Untersuchungsergebnissen der Landwirtschaftlichen Versuchs- und Untersuchungsanstalt Darmstadt, nach denen diese Aale wegen ihrer starken Anreicherung mit chemischen Rückständen giftig sind. Bei den untersuchten Fischen wurden Rückstände von Hexachlorbenzol (HCB), die den zulässigen Höchstwert (0,05 Milligramm je Kilogramm Frischgewicht) um das 20- bis 40fache überschritten, sowie andere chlorierte Kohlenwasserstoffe gefunden.

Wilfried Klute
Protokoll einer Entfernung

Echolos
hämmert an toten Stämmen
der letzte Specht.
Kein Schatten
5 beschirmt den Farn.
Auf den Bänken hockt
das Nichts.
Die Schutzhütte schützt
nur sich selbst.
10 Am Waldlehrpfad
verblassen die Namen,
deutsch und lateinisch.
Von den Bäumen ganz
zu schweigen.

In Westdeutschlands Wäldern ...

In Westdeutschlands Wäldern, warnen Forstexperten, „tickt eine Zeitbombe": Ein großflächiges Tannen- und Fichtensterben ist erstes Vorzeichen einer weltweiten „Umweltkatastrophe von unvorstellbarem Ausmaß." Denn der Auslöser des stillen Wald-Untergangs, saure Niederschläge aus den Schloten von Kraftwerken
5 und Raffinerien, bedroht nicht nur Flora und Fauna, sondern auch die menschliche Gesundheit.

Nach den offiziellen Angaben des Bundesministeriums für Ernährung, Landwirtschaft und Forsten waren im Herbst 1982 560 000 ha = 8% der bundesdeutschen Waldfläche geschädigt. Die Fichte steht flächenmäßig mit 260 000 ha (10% der
10 Fichtenfläche) an erster Stelle. 60% der Tannenfläche (= 100 000 ha) und 90 000 ha Kiefer (5% der Fläche) sowie 90 000 ha Laubbaumarten (4% der Fläche) sind geschädigt.

In Nordrhein-Westfalen schlug Landwirtschaftsminister Bäumer Alarm, nachdem eine amtliche Waldzustandserfassung ergeben hatte, daß in 58% der untersuch-
15 ten Fichtenbestände mit akuter Waldgefährdung gerechnet werden muß. In Bayern sind 55 000 ha Nadelbaumbestand am Ende; unweit von München starben hundertjährige Fichten binnen 14 Tagen vollständig ab. In Baden-Württemberg ist die Tanne gar auf 64 000 ha hinfällig.

Auf den Höhen des tschechischen Erzgebirges, einst eine der üppigsten Wald-
20 landschaften im Herzen Europas, ist die Vegetation nach anderthalb Jahrzehnten währendem Siechtum binnen kürzester Zeit gleichsam umgekippt, offenbar unwiderruflich: In den verseuchten Bergen, in denen kaum ein Vogel singt, kein Tourist

spaziert und das Quellwasser ungenießbar ist, sterben Neuaufforstungen nach kurzer Zeit ab, und auf Acker- und Gartenland gedeihen nur noch selten Kartoffeln, Roggen oder Gemüse.

Kaspar H. Spinner Zwei Grundformen des Verhältnisses zur Natur

Der Gegensatz, den Jugendliche zwischen schulischem Naturverständnis und ihren privaten Empfindungen und Vorstellungen erfahren, ist nicht ein bloß schulisches Problem, sondern kennzeichnet grundsätzlich unsere moderne Zivilisation: Sie ist geprägt davon, daß das Verhältnis zur Natur in einen objektivierenden und einen nicht-objektivierenden Zugang auseinanderfällt. Der objektivierende Zugang wird durch die exakten Naturwissenschaften vollzogen, er ist zugleich dem technischen Zugriff dienstbar; Natur wird dadurch handhabbar, der Mensch steht in einem instrumentellen Verhältnis zu ihr. Deshalb interessieren ihn die (Natur-)Gesetze, die Regeln, nach denen die Naturphänomene funktionieren. Im nichtobjektivierenden Zugang schiebt der Mensch die Natur nicht als zu untersuchenden Gegenstand von sich weg, sondern nimmt ihn empfindend in sich auf und versteht sich selbst in ihr. [...] In den Künsten ist dieser Zugang am stärksten ausgeprägt; man kann ihn deshalb auch als den ästhetischen bezeichnen („aisthesis" ist im Griechischen die sinnliche Wahrnehmung, die Empfindung). Im nicht-objektivierenden, ästhetischen Zugang wird die Empfindung nicht zur Information über die Außenwelt reduziert, sondern als Betroffenheit, als Veränderung der eigenen psychischen und physischen Befindlichkeit ernstgenommen [...]

Dichterische Sprache bringt im Gegensatz zur begrifflichen, zur Formel tendierenden Sprache der Naturwissenschaft diese identifizierende Teilhabe an der Natur immer wieder zum Ausdruck; in der Naturlyrik ist meist kaum mehr unterscheidbar, was Schilderung von Äußerlichem und was Ausdruck von Gefühlen, Empfindungen ist; dieser Zusammenklang von Natur und empfindendem Ich wird meist, etwas verharmlosend, mit dem Begriff Stimmung charakterisiert – das jubelnde Einssein, von dem z. B. Goethes „Mailied" spricht, ist allerdings mehr als bloße Stimmung. In der Prosa wird die Naturschilderung immer wieder als Charakterisierung der inneren Befindlichkeit einer Figur verwendet. [...]

Der Gegensatz zwischen objektivierendem und nicht-objektivierendem Zugang zur Natur erklärt, warum die Naturwissenschaften zum Paradigma[1] einer fortschrittsgläubigen Zivilisation, die Natur andererseits gerade zur Chiffre[2] für fortschritts- und technikfeindliche Einstellungen geworden ist. Auch wenn die hier getroffene Unterscheidung zwischen objektivierendem und nicht-objektivierendem Naturverständnis eine gewisse Vereinfachung darstellt, so zeigt doch die Schärfe,

1 *Paradigma*: Beispiel, Muster
2 *Chiffre*: Geheimzeichen

mit der die öffentliche Diskussion um Umwelt und Technik zunehmend geführt wird, daß heute kaum mehr überbrückbare Gegensätze in der Einstellung zur Natur krisenhaft aufgebrochen sind.

Der aufgezeigte Gegensatz zwischen objektivierendem und nicht-objektivierendem Zugang zur Natur hat sich im Verlauf einer Geschichte von mehreren tausend Jahren allmählich herausgebildet. Der primitive Mensch erfährt Natur vor allem als bedrohliche Übermacht; deshalb versteht er sie als Wohnort von Dämonen und Göttern, wie viele Mythen und Volkssagen es uns zeigen. Als Jäger und Sammler und als Ackerbauer muß er sich täglich mit der Natur auseinandersetzen, muß ihr seinen Lebensunterhalt abringen. Eine Trennung von objektivierendem und nichtobjektivierendem Zugang ist noch nicht vorhanden, weil der Mensch in seinem Handeln der Natur unmittelbar ausgesetzt ist. Ein distanziertes Verhältnis ist bei solcher Erfahrung von Übermacht nicht möglich, eine ästhetische, von der praktischen losgelöste Beziehung entsteht wegen des alltäglichen Eingebundenseins in die natürliche Umwelt nicht.

Objektivierender und nicht-objektivierender Zugang bilden sich heraus, wenn der Mensch sich von der Übermacht der Natur löst. Ein Schritt dazu ist schon der Übergang zum Ackerbau und das damit verbundene planende Umgehen mit Natur. Der wesentlichere Schritt erfolgt aber erst, wenn der Mensch die Natur soweit domestiziert[3] hat, daß er sich selbst als der Beherrschende erfährt, und die wissenschaftliche Erforschung aufkommt.

Vorschläge zur Textbetrachtung

1. Klären Sie im Gespräch, wie sich Naturwissenschaften der Natur zuwenden, welche Betrachtungsweisen und Fragestellungen in den naturwissenschaftlichen Schulfächern vorherrschen. Ziehen Sie ggf. Lehrbücher und Lexika heran.
2. Vergleichen Sie folgende Textpaare:
   Stifter – Achilles
   Kästner – Mostler
   Kasper – Rheinaale ...
   Klute – In Westdeutschlands Wäldern ...
   Welche Aspekte der Sache werden in den Blick genommen? Welche Naturerfahrung wird mitgeteilt? Mit welchen Ausdrucksmitteln wird die Aussage gestaltet? Welche Textart liegt vor? Erscheint Ihnen bei den ersten beiden Textpaaren eine Betrachtungsweise angemessener als die andere? Glauben Sie, daß Lyrik – wie in den letzten beiden Textpaaren – einen Beitrag zur Umweltdiskussion leisten kann?
3. Erarbeiten Sie die entscheidenden Aussagen im Text von Spinner (S. 48 f.) und fassen Sie sie schriftlich in Thesen zusammen. Erscheint Ihnen eine der beiden „Grundformen des Verhältnisses zur Natur" angemessener als die andere? Prüfen Sie, inwiefern der Text hilft, Beschaffenheit und Aufgaben der vorhergehenden Texte dieses Kapitels zu erhellen.

---

3 *domestizieren*: zähmen

7. ERLEBNIS UND ERKENNTNIS – GEDANKLICHE UND DARSTELLENDE TEXTE

Psalm 104

Psalmen sind religiöse Lieder Israels und der jüdischen Gemeinde. Die Sammlung der Psalmen des Alten Testaments entstand spätestens im 2. Jahrhundert vor Christus aus älteren Teilsammlungen.

Lobe den Herrn, meine Seele!
O Herr, mein Gott,
   wie bist du so groß!
Pracht und Hoheit ist dein Gewand,
5 der du in Licht dich hüllst
   wie in ein Kleid,
der den Himmel ausspannt
   wie ein Zeltdach,
der seinen Söller[1] zimmert
10   über den Wassern,
der Wolken zu seinem Wagen macht,
der einherfährt
   auf den Flügeln des Sturmes,
der die Winde zu seinen Boten bestellt,
15 zu seinen Dienern Lohe und Feuer,
der die Erde auf ihre Pfeiler
   gegründet,
daß sie nimmermehr wankt.
Die Urflut deckte sie wie ein Kleid,
20 über den Bergen standen die Wasser.
Doch sie flohen vor deinem Schelten,
vor deines Donners Stimme
   wichen sie scheu.
Da hoben sich Berge,
25   senkten sich Täler
an den Ort, den du ihnen wiesest.
Du hast eine Grenze gesetzt,
   die sie nicht überschreiten;
sie dürfen nie wieder
30   die Erde bedecken.

Du lässest die Quellen rinnen
   durch die Täler;
da wandern sie
   zwischen den Bergen hin.
35 Sie tränken alle Tiere des Feldes;
die Wildesel stillen ihren Durst.
An ihren Ufern wohnen die Vögel
   des Himmels;
zwischen den Zweigen hervor
40   erklingt ihr Singen.
Du tränkst die Berge
   aus deinem Söller;
aus deinen Wolken
   wird die Erde gesättigt.
45 Du lässest Gras sprossen
   für die Tiere
und Gewächse
   für den Bedarf der Menschen,
daß Brot aus der Erde hervorgehe
50 und Wein,
   der des Menschen Herz erfreue,
daß sein Antlitz ergläze von Öl
und Brot das Herz
   des Menschen stärke.
55 Die Bäume des Herrn
   trinken sich satt,
die Zedern des Libanon,
   die er gepflanzt,
wo die Vögel ihre Nester bauen,
60 der Storch, der sein Haus
   auf Zypressen hat.

---

1 *Söller*: das auf dem Flachdach des Hauses errichtete Obergeschoß, hier: wie ein Pfahlbau errichteter Gottessitz

Die höchsten Berge
   sind dem Steinbock,
   die Felsen dem Klippdachs
65   eine Zuflucht.
Er hat den Mond gemacht,
   das Jahr darnach zu teilen;
   die Sonne weiß ihren Niedergang.
Du schaffst Finsternis,
70   und es wird Nacht;
   drin regt sich alles Getier des Waldes.
Die jungen Löwen brüllen nach Raub,
   heischen von Gott ihre Speise.
Strahlt die Sonne auf,
75   so ziehen sie sich zurück
   und lagern sich in ihren Höhlen.
Da tritt der Mensch heraus
   an sein Werk,
   an seine Arbeit bis zum Abend.
80 O Herr,
   wie sind deiner Werke so viel!
Du hast sie alle in Weisheit geschaffen,
   die Erde ist voll deiner Güter.
Da ist das Meer, so groß und weit;
85   darin wimmelt es ohne Zahl,
   kleine Tiere samt großen.
Da wandeln Ungeheuer,
   Der Leviathan², den du gebildet hast,
   damit zu spielen.
90 Sie alle warten auf dich,
   daß du ihnen Speise gebest
   zu seiner Zeit.

Wenn du ihnen gibst, so sammeln sie:
   tust du deine Hand auf,
95   so werden sie mit Gutem gesättigt.
Wenn du dein Angesicht verbirgst,
   erschrecken sie;
   nimmst du ihren Odem hin,
   so verscheiden sie
100 und werden wieder zu Staub.
Sendest du deinen Odem aus,
   so werden sie geschaffen,
   und du erneust das Antlitz der Erde.
Die Herrlichkeit des Herrn
105   währe ewig,
   der Herr freue sich seiner Werke!
der die Erde anblickt, und sie erbebt,
   der die Berge anrührt,
   und sie rauchen.
110 Ich will dem Herrn singen
   mein Leben lang,
   will meinem Gott spielen,
   solange ich bin.
Möge mein Dichten ihm wohlgefallen;
115   ich freue mich des Herrn.
Möchten die Sünder
   von der Erde verschwinden
   und die Gottlosen nicht mehr sein!
Lobe den Herrn, meine Seele!
120   Hallelujah!

2   *Leviathan*: Chaosdrache

Häuptling Seattle Wir sind ein Teil der Erde

Im Jahre 1855 machte der amerikanische Präsident Franklin Pierce dem Indianervolk der Duwamish das Angebot, ihr Land den Weißen zu verkaufen und selbst in ein Reservat zu ziehen. Häuptling Seattle antwortete dem Präsidenten mit einer Rede, in der er das Naturverhältnis der Indianer darlegte. Die Duwamish haben nicht überlebt.

Jeder Teil dieser Erde ist meinem Volk heilig, jede glitzernde Tannennadel, jeder sandige Strand, jeder Nebel in den dunklen Wäldern, jede Lichtung, jedes summende Insekt ist heilig, in den Gedanken und Erfahrungen meines Volkes. Der Saft, der in den Bäumen steigt, trägt die Erinnerung des roten Mannes.
5 Die Toten der Weißen vergessen das Land ihrer Geburt, wenn sie fortgehen, um unter den Sternen zu wandeln.
Unsere Toten vergessen diese wunderbare Erde nie, denn sie ist des roten Mannes Mutter. Wir sind ein Teil der Erde, und sie ist ein Teil von uns. Die duftenden Blumen sind unsere Schwestern, die Rehe, das Pferd, der große Adler – sind unsere
10 Brüder.
Die felsigen Höhen, die saftigen Wiesen, die Körperwärme des Ponys – und des Menschen – sie alle gehören zur gleichen Familie. Wir erfreuen uns an diesen Wäldern. Ich weiß nicht – unsere Art ist anders als die Eure.
Glänzendes Wasser, das sich in Bächen und Flüssen bewegt, ist nicht nur Wasser
15 – sondern das Blut unserer Vorfahren. Wenn wir Euch das Land verkaufen, müßt Ihr wissen, daß es heilig ist, und Eure Kinder lehren, daß es heilig ist und daß jede flüchtige Spiegelung im klaren Wasser der Seen von Ereignissen und Überlieferungen aus dem Leben meines Volkes erzählt. Das Murmeln des Wassers ist die Stimme meiner Vorväter. Die Flüsse sind unsere Brüder – sie stillen unseren Durst. Die
20 Flüsse tragen unsere Kanus und nähren unsere Kinder.
Wenn wir unser Land verkaufen, so müßt Ihr Euch daran erinnern und Eure Kinder lehren: Die Flüsse sind unsere Brüder – und Eure –, und Ihr müßt von nun an den Flüssen Eure Güte geben, so wie jedem anderen Bruder auch. Der rote Mann zog sich immer zurück vor dem eindringenden weißen Mann – so wie der Frühne-
25 bel in den Bergen vor der Morgensonne weicht. Aber die Asche unserer Väter ist heilig, ihre Gräber sind geweihter Boden, und so sind diese Hügel, diese Bäume, dieser Teil der Erde uns geweiht. Wir wissen, daß der weiße Mann unsere Art nicht versteht. Ein Teil des Landes ist ihm gleich jedem anderen, denn er ist ein Fremder, der kommt in der Nacht und nimmt von der Erde, was immer er braucht. Die Erde
30 ist sein Bruder nicht, sondern Feind, und wenn er sie erobert hat, schreitet er weiter. Er läßt die Gräber seiner Väter zurück – und kümmert sich nicht. Er stiehlt die Erde von seinen Kindern – und kümmert sich nicht. Seiner Väter Gräber und seiner Kinder Geburtsrecht sind vergessen. Er behandelt seine Mutter, die Erde, und seinen Bruder, den Himmel, wie Dinge zum Kaufen und Plündern, zum Verkaufen
35 wie Schafe oder glänzende Perlen. Sein Hunger wird die Erde verschlingen und nichts zurücklassen als eine Wüste. Das Ansinnen, unser Land zu kaufen, werden wir bedenken, und wenn wir uns entschließen anzunehmen, so nur unter einer Bedingung. Der weiße Mann muß die Tiere des Landes behandeln wie seine Brüder.

Ich bin ein Wilder und verstehe es nicht anders. Ich habe tausend verrottende
40 Büffel gesehen, vom weißen Mann zurückgelassen – erschossen aus einem vorüberfahrenden Zug. Ich bin ein Wilder und kann nicht verstehen, wie das qualmende Eisenpferd wichtiger sein soll als der Büffel, den wir nur töten, um am Leben zu bleiben. Was ist der Mensch ohne die Tiere? Wären alle Tiere fort, so stürbe der Mensch an großer Einsamkeit des Geistes. Was immer den Tieren geschieht –
45 geschieht bald auch den Menschen. Alle Dinge sind miteinander verbunden.
  Was die Erde befällt, befällt auch die Söhne der Erde. Ihr müßt Eure Kinder lehren, daß der Boden unter ihren Füßen die Asche unserer Großväter ist. Damit sie das Land achten, erzählt ihnen, daß die Erde erfüllt ist von den Seelen unserer Vorfahren. Lehrt Eure Kinder, was wir unsere Kinder lehren: Die Erde ist unsere Mut-
50 ter. Was die Erde befällt, befällt auch die Söhne der Erde. Wenn Menschen auf die Erde spucken, bespeien sie sich selbst. Denn das wissen wir, die Erde gehört nicht den Menschen, der Mensch gehört zur Erde – das wissen wir. Alles ist miteinander verbunden, wie das Blut, das eine Familie vereint. Alles ist verbunden. Was die Erde befällt, befällt auch die Söhne der Erde. Der Mensch schuf nicht das Gewebe des
55 Lebens, er ist darin nur eine Faser. Was immer Ihr dem Gewebe antut, das tut Ihr Euch selber an. Nein, Tag und Nacht können nicht zusammenleben. Unsere Toten leben fort in den süßen Flüssen der Erde, kehren wieder mit des Frühlings leisem Schritt, und es ist ihre Seele im Wind, der die Oberfläche der Teiche kräuselt.

Natur

Goethes Privatsekretär, Eckermann, fand den Aufsatz, aus dem die folgende Stelle entnommen ist, nach dem Tode der Herzogin Anna-Amalie im Handschriftlichen Journal von Tiefurt. In den Jahren 1781 bis 1784 hatten Goethe, Wieland, Herder u. a. ohne Namensnennung Beiträge geliefert. Goethe entsann sich nicht, den Aufsatz verfaßt zu haben (er stammt wohl von dem Schweizer Tobler), betonte aber, daß die darin geäußerten Gedanken ganz seinen Ansichten entsprächen.

Natur! Wir sind von ihr umgeben und umschlungen – unvermögend, aus ihr herauszutreten, und unvermögend, tiefer in sie hineinzukommen. Ungebeten und ungewarnt nimmt sie uns in den Kreislauf ihres Tanzes auf und treibt sich mit uns fort, bis wir ermüdet sind und ihrem Arme entfallen.
5 Sie schafft ewig neue Gestalten; was da ist, war noch nie, was war, kommt nicht wieder – alles ist neu und doch immer das Alte.
  Wir leben mitten in ihr, und sind ihr fremde. Sie spricht unaufhörlich mit uns, und verrät uns ihr Geheimnis nicht. Wir wirken beständig auf sie und haben doch keine Gewalt über sie.
10 Sie scheint alles auf Individualität angelegt zu haben und macht sich nichts aus den Individuen. Sie baut immer und zerstört immer, und ihre Werkstätte ist unzugänglich.
  Sie lebt in lauter Kindern; und die Mutter, wo ist sie? – Sie ist die einzige Künstlerin: aus dem simpelsten Stoff zu den größten Kontrasten; ohne Schein der An-

15 strengung zu der größten Vollendung – zur genauesten Bestimmtheit, immer mit etwas Weichem überzogen. Jedes ihrer Werke hat ein eigenes Wesen, jede ihrer Erscheinungen den isoliertesten Begriff, und doch macht alles eins aus...
Es ist ein ewiges Leben, Werden und Bewegen in ihr, und doch rückt sie nicht weiter. Sie verwandelt sich ewig, und ist kein Moment Stillestehen in ihr. Fürs Blei-
20 ben hat sie keinen Begriff, und ihren Fluch hat sie ans Stillestehen gehängt. Sie ist fest. Ihr Tritt ist gemessen, ihre Ausnahmen selten, ihre Gesetze unwandelbar...
Auch das Unnatürlichste ist Natur. Wer sie nicht allenthalben sieht, sieht sie nirgendwo recht...
Ihr Schauspiel ist immer neu, weil sie immer neue Zuschauer schafft. Leben ist
25 ihre schönste Erfindung, und der Tod ist ihr Kunstgriff, viel Leben zu haben...
Ihre Krone ist die Liebe. Nur durch sie kommt man ihr nahe. Sie macht Klüfte zwischen allen Wesen, und alles will sich verschlingen. Sie hat alles isoliert, um alles zusammenzuziehen. Durch ein paar Züge aus dem Becher der Liebe hält sie für ein Leben voll Mühe schadlos. [...]
30 Sie ist ganz, und doch immer unvollendet. So, wie sie's treibt, kann sie's immer treiben.
Jedem erscheint sie in einer eignen Gestalt. Sie verbirgt sich in tausend Namen und Termen[1] und ist immer dieselbe. Sie hat mich hereingestellt, sie wird mich auch herausführen. Ich vertrau mich ihr. Sie mag mit mir schalten. Sie wird ihr Werk
35 nicht hassen. [...]

Rainer Maria Rilke Landschaft

Der folgende Text ist ein Auszug aus der „Einleitung zu Worpswede". In diesem Essay reflektiert Rilke über das Leben der Bauern in jener abgelegenen Gegend im Teufelsmoor, über das Verhältnis der Menschen zur Natur, über die Geschichte der Landschaftsmalerei und über die Malerkolonie Worpswede. Rilke schrieb den Text im Mai 1902 in Westerwede bei Worpswede.

Denn gestehen wir es nur: die Landschaft ist ein Fremdes für uns, und man ist furchtbar allein unter Bäumen, die blühen, und unter Bächen, die vorübergehen. Allein mit einem toten Menschen, ist man lange nicht so preisgegeben wie allein mit Bäumen. Denn so geheimnisvoll der Tod auch sein mag, geheimnisvoller noch ist
5 ein Leben, das nicht unser Leben ist, das nicht an uns teilnimmt und, gleichsam ohne uns zu sehen, seine Feste feiert, denen wir mit einer gewissen Verlegenheit, wie zufällig kommende Gäste, die eine andere Sprache sprechen, zusehen.
Freilich, da könnte mancher sich auf unsere Verwandtschaft mit der Natur berufen, von der wir doch abstammen als die letzten Früchte eines großen aufsteigenden
10 Stammbaumes. Wer das tut, kann aber auch nicht leugnen, daß dieser Stammbaum,

---

1 *Term*: fester Begriff

wenn wir ihn, von uns aus, Zweig für Zweig, Ast für Ast, zurückverfolgen, sehr bald sich im Dunkel verliert; in einem Dunkel, welches von ausgestorbenen Riesentieren bewohnt wird, von Ungeheuern voll Feindseligkeit und Haß, und daß wir, je weiter wir nach rückwärts gehen, zu immer fremderen und grausameren Wesen kommen, so daß wir annehmen müssen, die Natur als das grausamste und fremdeste von allen im Hintergrunde zu finden. Daran ändert der Umstand, daß die Menschen seit Jahrtausenden mit der Natur verkehren, nur sehr wenig; denn dieser Verkehr ist sehr einseitig. Es scheint immer wieder, daß die Natur nichts davon weiß, daß wir sie bebauen und uns eines kleinen Teils ihrer Kräfte ängstlich bedienen. Wir steigern in manchen Teilen ihre Fruchtbarkeit und ersticken an anderen Stellen mit dem Pflaster unserer Städte wundervolle Frühlinge, die bereit waren, aus den Krumen zu steigen. Wir führen die Flüsse zu unseren Fabriken hin, aber sie wissen nicht von den Maschinen, die sie treiben. Wir spielen mit dunklen Kräften, die wir mit unseren Namen nicht erfassen können, wie Kinder mit dem Feuer spielen, und es scheint einen Augenblick, als hätte alle Energie bisher ungebraucht in den Dingen gelegen, bis wir kamen, um sie auf unser flüchtiges Leben und seine Bedürfnisse anzuwenden. Aber immer und immer wieder in Jahrtausenden schütteln die Kräfte ihre Namen ab und erheben sich, wie ein unterdrückter Stand, gegen ihre kleinen Herren, ja nicht einmal *gegen* sie – sie stehen einfach auf, und die Kulturen fallen von den Schultern der Erde, die wieder groß ist und weit und allein mit ihren Meeren, Bäumen und Sternen.

Was bedeutet es, daß wir die äußerste Oberfläche der Erde verändern, daß wir ihre Wälder und Wiesen ordnen und aus ihrer Rinde Kohlen und Metalle holen, daß wir die Früchte der Bäume empfangen, als ob sie für uns bestimmt wären, wenn wir uns daneben einer einzigen Stunde erinnern, in welcher die Natur handelte über uns, über unser Hoffen, über unser Leben hinweg, mit jener erhabenen Hoheit und Gleichgültigkeit, von der alle ihre Gebärden erfüllt sind. Sie weiß nichts von uns. Und was die Menschen auch erreicht haben mögen, es war noch keiner so groß, daß sie teilgenommen hätte an seinem Schmerz, daß sie eingestimmt hätte in seine Freude. Manchmal begleitete sie große und ewige Stunden der Geschichte mit ihrer mächtigen brausenden Musik, oder sie schien um eine Entscheidung windlos, mit angehaltenem Atem stille zu stehn oder einen Augenblick geselliger harmloser Frohheit mit flatternden Blüten, schwankenden Faltern und hüpfenden Winden zu umgeben – aber nur, um im nächsten Momente sich abzuwenden und den im Stiche zu lassen, mit dem sie eben noch alles zu teilen schien.

Der gewöhnliche Mensch, der mit den Menschen lebt und die Natur nur so weit sieht, als sie sich auf ihn bezieht, wird dieses rätselhaften und unheimlichen Verhältnisses selten gewahr. Er sieht die Oberfläche der Dinge, die er und seinesgleichen seit Jahrhunderten geschaffen haben, und glaubt gerne, die ganze Erde nehme an ihm teil, weil man ein Feld bebauen, einen Wald lichten und einen Fluß schiffbar machen kann. Sein Auge, welches fast nur auf Menschen eingestellt ist, sieht die Natur nebenbei mit, als ein Selbstverständliches und Vorhandenes, das soviel als möglich ausgenutzt werden muß. Anders schon sehen Kinder die Natur; einsame Kinder besonders, welche unter Erwachsenen aufwachsen, schließen sich ihr mit einer Art von Gleichgesinntheit an und leben in ihr, ähnlich den kleinen Tieren, ganz hingegeben an die Ereignisse des Waldes und des Himmels und in einem

unschuldigen, scheinbaren Einklang mit ihnen. Aber darum kommt später für Jünglinge und junge Mädchen jene einsame, von vielen tiefen Melancholien zitternde Zeit, da sie, gerade in den Tagen des körperlichen Reifwerdens, unsäglich verlassen,
60 fühlen, daß die Dinge und Ereignisse in der Natur *nicht mehr* und die Menschen *noch nicht* an ihnen teilnehmen. Es wird Frühling, obwohl sie traurig sind, die Rosen blühen, und die Nächte sind voll Nachtigallen, obwohl sie sterben möchten, und wenn sie endlich wieder zu einem Lächeln kommen, dann sind die Tage des Herbstes da, die schweren, gleichsam unaufhörlich fallenden Tage des November,
65 hinter denen ein langer lichtloser Winter kommt. Und auf der anderen Seite sehen sie die Menschen, in gleicher Weise fremd und teilnahmslos, ihre Geschäfte, ihre Sorgen, ihre Erfolge und Freuden haben, und sie verstehen es nicht. Und schließlich bescheiden sich die einen und gehen zu den Menschen, um ihre Arbeit und ihr Los zu teilen, um zu nützen, zu helfen und der Erweiterung dieses Lebens irgendwie zu
70 dienen, während die anderen, die die verlorene Natur nicht lassen wollen, ihr nachgehen und nun versuchen, bewußt und mit Aufwendung eines gesammelten Willens, ihr wieder so nahe zu kommen, wie sie ihr, ohne es recht zu wissen, in der Kindheit waren. Man begreift, daß diese letzteren Künstler sind: Dichter oder Maler, Tondichter oder Baumeister, Einsame im Grunde, die, indem sie sich der
75 Natur zuwenden, das Ewige dem Vergänglichen, das im tiefsten Gesetzmäßige dem vorübergehend Begründeten vorziehen und die, da sie die Natur nicht überreden können, an ihnen teilzunehmen, ihre Aufgabe darin sehen, die Natur zu erfassen, um sich selbst irgendwo in ihre großen Zusammenhänge einzufügen. Und mit diesen einzelnen Einsamen nähert sich die ganze Menschheit der Natur. Es ist nicht der
80 letzte und vielleicht der eigentümlichste Wert der Kunst, daß sie das Medium ist, in welchem Mensch und Landschaft, Gestalt und Welt sich begegnen und finden. In Wirklichkeit leben sie nebeneinander, kaum voneinander wissend, und im Bilde, im Bauwerk, in der Symphonie, mit einem Worte in der Kunst, scheinen sie sich, wie in einer höheren prophetischen Wahrheit, zusammenzuschließen, aufeinander zu
85 berufen, und es ist, als ergänzten sie einander zu jener vollkommenen Einheit, die das Wesen des Kunstwerks ausmacht.

Tadeusz Borowski Deutsche Landschaften

Tadeusz Borowski, geb. 1922, schrieb Gedichte und Erzählungen. Er überlebte die Konzentrationslager Auschwitz und Dachau und war nach Kriegsende zunächst Mitarbeiter des Polnischen Roten Kreuzes in München; von dort schrieb er am 2.2. 1946 den Brief, aus dem im folgenden zitiert wird. Borowski nahm sich 1951 in Warschau das Leben.

Glauben Sie mir, daß manche Gegenden Deutschlands (z. B. Dresden, Württemberg, die Alpen) wunderschön sind, wie Romanlandschaften aus vergangenen Jahrhunderten. Als wir sie aber in gestreiften Anzügen erlebten, waren wir nicht gestimmt, die Schönheit dieses Landes zu preisen.

Gabriele Tergit Die allgemeine Freude an der Natur

Der folgende Text ist der Einleitung des Buches „Kaiserkron und Päonien rot" (1958) entnommen, einer Kulturgeschichte der Blumen. Der Buchtitel ist die Anfangszeile von Eichendorffs Gedicht „Der alte Garten".

Irgendwo wird es immer Gärten gegeben haben. Wo eine Kultur wächst, ordnet der Mensch das Wildwachsende. Wo man über die Not hinaussieht, wo der Hunger gestillt, die Blöße bedeckt ist und das schützende Dach dem Regen besser wehrt als Höhle und Erdloch, da beginnt der Mensch, das Überflüssigste dieser Erde liebevoll zu bedenken, und er begießt die weder Nahrung noch Kleidung spendenden Blumen.

In einem Garten zu sitzen, das ist ein Traum, der Traum vom Ruhen und Rasten, wenn des Tages Werk getan, wenn der Woche Werk getan, wenn des Lebens Werk getan.

Es ist noch mehr. Ob Kriege die Städte zerstört und Mensch gegen Mensch gehetzt – der Überlebende findet immer im Frühling den aufbrechenden Samen, Körnchen und Fäden und manchmal sogar eine Zwiebel, im geschäftigen Erdreich verborgen, oder am Treffpunkt von Blatt und dem dürre scheinenden Zweig die Knospen in der klebrigen Hülle, wartend auf Wärme, auf Sonne, auf längere Tage oder, im Wüstengürtel der Erde, auf Regen. Wer jedes Kommende pflegt, ihm Platz schafft und es tränkt, der ist vor Enttäuschung bewahrt. Dankbar ist alles Wachsende für Pflege und Liebe, und ein blühender Sommer erwartet den sorgenden Gärtner, und der säende Mensch fühlt sich Gott gleich, wenn er erlebt, daß der Samen aufgeht.

Denn die Pflanzen sind das Wichtigste auf der Welt. Sie bedürfen des Menschen nicht. Aber der Mensch könnte nicht leben ohne die Pflanzen, und so begann es: „Und Gott sprach: Es lasse die Erde Gewächse sprossen, Kraut, das Samen bringt, und Fruchtbäume nach ihrer Art, die Frucht tragen, worin ihr Samen ist, auf der Erde!" „Und es pflanzte Gott, der Herr, einen Garten in Eden gegen Osten. Und da ließ Gott, der Herr, aufsprossen aus dem Erdboden allerlei Bäume, lieblich zum Ansehen und gut zum Essen. Es war aber der Baum des Lebens mitten im Garten und der Baum der Erkenntnis des Guten und Bösen. Und ein Strom ging aus von Eden, den Garten zu bewässern..." Und die Menschen liebten ihre Gärten, die sie an den Garten Eden erinnerten, und die Blumen, die darin wuchsen, zu allen Zeiten und in allen Ländern.

Die Ägypter hatten eine blaue Seerose um ihren Arm gewunden, wenn sie ihren Göttern Blumen als Opfer darbrachten. Die Buddhisten legen Blumen vor das Bild des Buddha. Die Azteken schmückten ihre Tempel, in denen sie den Gefangenen das Herz bei lebendigem Leibe herausrissen, mit Blumen. Die Chinesen legen Blumen auf ihre Altäre. In allen Kirchen der Welt stehen Blumen.

Das persische Wort für Garten, aus welchem sich unser Wort *Paradies* entwickelte, kam durch Xenophon nach Griechenland. *Paradies* und *Garten* bedeuten also dasselbe. *Paradies* ist kein Synonym für die Liebe oder die Freuden der Jugend, für den Tanz oder die Landschaft aus Berg und Tal und sich windendem Fluß. Es

40 bedeutet nichts anderes als *Garten.* Das Glück des Jenseits besteht auch im Koran
darin, in einem entzückenden Garten zu sitzen.
[...]
    Es wäre ja auch höchst seltsam, wenn die Menschen nicht in allen Ländern und
zu allen Zeiten Gärten geliebt hätten. Denn ganz nahe ist das menschliche Leben
45 dem Gartenjahre verwandt. Im Februar wird der Mensch geboren, im März verbringt er das erste Jahrzehnt seines Lebens bis zum vierzehnten Jahre, in dem er in
den April tritt als ein blühendes Wesen, das dann im Mai Hochzeit feiert. Der Juni
ist sein drittes Jahrzehnt, und vierzig ist er im Juli. Dann kommen der August und
der September, die Ernte des Lebens, das Sammeln für Küche und Keller, und noch
50 einmal das Bunte, das Abschiednehmen in Weisheit. Oktober, das sind die Sechzigerjahre. Dann kommen der November und der Dezember, Siebzig und Achtzig,
das leise Vertrocknen an Körper und Geist, bis Stille einzieht. Und der Mensch und
die Natur im Januar enden im weißen Totenhemd.

Thomas Vinsor Wolgast Überlebenshinweise aus dem Kofferradio

Um die Jahreswende 1978/79 hatten starke Schneefälle in Teilen Norddeutschlands katastrophale Folgen.

Flensburg/Hamburg, 1. Januar.
[...]
Am schwersten betroffen waren die Gemeinden im Landkreis Flensburg/Schleswig, wo von Beginn an in weiten Teilen der Strom ausgefallen war. Eis und pappige
5 Schneelast hatten zahlreiche Leitungen brechen lassen, der Sturm hatte Masten
umgeknickt, und der Schnee lag so hoch, daß „man nicht einmal von Haus zu Haus
gehen konnte", wie der Bürgermeister der Ortschaft Wees östlich von Flensburg,
Günther Matthiä, berichtete. In Wees froren 40 Rentner in einem Altenwohnheim,
vier Tage lang gab es keine heiße Mahlzeit, und kein heißes Getränk für sie. Zwei
10 von ihnen hätten eigentlich ins Krankenhaus gemußt – aber wie? Alle Wege waren
versperrt. Nicht einmal Panzern gelang es, den Ort zu erreichen. Wie andere
Gemeinden auch hatte Wees noch ein besonderes Problem: Seine Kanalisation wird
mit elektrischen Pumpen betrieben und lief nach dem Stromausfall über. Die Keller
zahlreicher Häuser füllten sich mit einer stinkenden Brühe, die sofort gefror.
15   Überall in Nordfriesland riefen die Ortsvorsteher zur Gemeinschaftshilfe auf:
Wer noch über einen altmodischen Bullerofen verfüge, über einen Kamin vielleicht,
der möge seine weniger glücklichen Nachbarn aufnehmen und sie beherbergen.
Und so wurde manche Silvesterfeier in großem Kreis und auf engstem Raum begangen, gelegentlich bis zu 20 Menschen in einer kleinen Küche; und auf der eisernen
20 Platte des Ofens, so hörte man, kochte in der Regel ein Eintopf aus Fleisch und
Gemüse aus der wegen des fehlenden Stroms auftauenden Tiefkühltruhe.
    Wer in Nordfriesland ein batteriebetriebenes Kofferradio besaß, konnte „Überlebenshinweise" von Ärzten und „Pionieren" vernehmen. „Packen Sie sich nicht ins

Bett, sondern bleiben Sie ständig in Bewegung!" hieß es da. Die Milch für Babys solle man am Körper anwärmen, die Säuglinge selbst in Kissen einwickeln. Ausführliche Anweisungen wurden für den Bau einer provisorischen Kochstelle aus Ziegelsteinen gegeben und für das Heizen mit dem womöglich intakten Gasherd: „Legen Sie Metallgegenstände in die Flamme, die strahlen Hitze ab." Allerdings, im Raum Niebüll wurde bereits am Samstag das Gas knapp. Man solle Gasheizungen nur noch in einem Zimmer laufen lassen, hieß es. „Kriechen Sie alle in einem Raum zusammen!" sagte ein Arzt über NDR II. Selbst wie die Milch der Kühe zu retten sei, dafür gab es Ratschläge über Radio. Man solle Plastikfolien muldenartig draußen in den Schnee betten und die Milch hineingießen: „Dann gefriert sie und wird nicht sauer."

Tausende von Familien in Nordfriesland verbrachten das Neujahrsfest bei „kaltem Braten und kalter Ente", wie Bauer Johannes Lorenzen, dessen Hof noch immer ohne Elektrizität und auch ohne Wasser ist (weil das mit einer Elektropumpe aus einem Tiefbrunnen gefördert wird), mit nordfriesischer Trockenheit witzelte. Die Lorenzens haben ihre Betten in den Stall umgeräumt, wo 18 Kühe mit ihrer Körperwärme für eine Temperatur von etwa 16 Grad sorgen; zur Jahreswende habe man sozusagen „mit dem Vieh angestoßen", sagt Bauer Lorenzen, „bei ‚einem etwas merkwürdigen Geruch'". Aber das sei er als Landwirt schließlich gewöhnt. Andere sind da schlechter dran. Hans-Hermann Schmidt, Vorsitzender des Kreisbauernverbandes Flensburg, weiß, daß nicht wenigen Bauern bald das Futter für ihre Tiere ausgehen wird. Kaum einer der Betriebe sei in der Lage, länger als sechs bis sieben Tage ohne Elektrizität und ohne Hilfe von außen durchzuhalten.

Fatal war der Zeitpunkt des Schneeinbruchs: Zwischen den Weihnachts- und Neujahrstagen befanden sich viele jener, die als Helfer in Frage gekommen wären, auf Urlaub: Polizisten, Feuerwehrleute, Straßenwachtmänner und Bundeswehrsoldaten. Umgekehrt erlebten jene Urlauber aus anderen Bundesländern, die die Jahreswende an der „Costa Germanica" verbringen wollten, ein wahrhaft „weißes Wunder". Die meisten hockten eher frierend in angesichts der außerordentlichen Kälte nur ungenügend geheizten Zimmern.

Verärgert übrigens war man bei den Katastrophenstäben in den Landkreisen über die vielen Autofahrer, die sich allen Warnungen zum Trotz auf Autobahnen und Bundesstraßen wagten und prompt steckenblieben. Selbst als am Sonntag ein totales Fahrverbot für Zivilpersonen verhängt wurde, gab es „noch immer Dummköpfe", so sagte verärgert ein Regierungssprecher in Kiel, „für deren Bergung aus dem Schnee wir starke Kräfte einsetzen mußten, die wir anderswo dringend benötigt hätten".

Vorschläge zur Textbetrachtung

1. Welche Naturdinge kommen im Psalm 104 vor, und was wir über sie gesagt (S. 50f.)? Welche Verse dienen nicht der Naturschilderung, was wird in ihnen geäußert? Was ist der Grundgedanke dieses Psalms?
2. Inwiefern unterscheidet sich das Naturverständnis der Indianer, für die Häuptling Seattle spricht (S. 52f.), vom europäischen Denken? Wie wird das Verhältnis Mensch – Natur gesehen?
3. Machen Sie sich die Aussagen im Text auf Seite 53f. Satz für Satz klar, sprechen Sie miteinander über schwierige Textstellen. Wozu ist die Natur in der Lage, welche Schaffens- und Gestaltungskraft besitzt sie? Versuchen Sie, einen übergeordneten Grundzug der Natur zu formulieren. Wie sieht sich der Autor selbst innerhalb der Natur?
4. Wovon kann es abhängen, wie wir Landschaften erleben? Berücksichtigen Sie dabei Borowskis Text (S. 56).
5. Was empfindet Rilke als den grundlegenden Wesenszug der Natur (S. 54ff.)? Wodurch unterscheidet sich die Textart des Essays vom Bericht, wodurch von der Erörterung? Inwiefern ist sie für Rilkes Gedankengang und Schreibabsicht besonders geeignet?
6. Welche nichtmaterielle Bedeutung kann der Garten für den Menschen haben: Was meinen Sie, was meint die Verfasserin des Textes auf Seite 57f.?
7. Welche Erfahrung machen die Menschen in dem Zeitungsbericht (S. 58f.)? Klären Sie, wie sich durch die beschriebenen Ereignisse die Lebensbedingungen geändert haben und welche Verhaltensweisen gefordert sind. Stellen Sie sich vor, daß an Ihrem Wohnort die gleichen Verhältnisse herrschen, wie im Text geschildert sind: kein elektrischer Strom und keine Verkehrsverbindungen. Wie würden Sie leben?
8. Können wir die Natur so wahrnehmen und schildern, wie sie ist? Können wir ihr Wesen ganz erfassen und ein für alle Mal definieren? Wovon hängt es ab, wie wir Natur empfinden, erkennen und darstellen? Machen Sie sich Gedanken über diese und ähnliche Fragen auf der Grundlage der Texte dieses Heftes, die Sie kennengelernt haben.
9. Sprechen Sie miteinander über die verschiedenen Bedeutungen, die Natur und Landschaft für den Menschen haben können. Sie können sich auch in schriftlicher Form zu diesem Thema äußern.

8. DIDAKTISCHE NACHBEMERKUNG

Natur und Umwelt als Themen im Deutschunterricht? Geben wir einer neuen Mode nach? Mischen wir uns in Aufgaben anderer Fächer ein?

Die Auseinandersetzung des Menschen mit der Natur hat heute die Ausprägung einer Krise angenommen. Unser Wirtschaften besitzt gegenüber der Umwelt Ausbeutungscharakter. Die katastrophalen Auswirkungen sind bekannt. Folgen eines falschen Umweltverhaltens sind aber nicht nur im materiell-ökologischen Bereich auszumachen. Mancherlei Verstörung im Leben des einzelnen und der Gesellschaft dürfte im Zusammenhang einer Entfremdung von Mensch und Natur zu sehen sein.

Die Dimensionen der Umweltprobleme unserer Zeit fordern radikale Besinnung und entschiedenes Handeln. Notwendig ist nicht nur ein Wandel in der materiellen Aneignung der Naturgüter, sondern ein anderes Naturverhältnis. Wir müssen grundsätzlich überdenken, was uns Natur bedeutet und bedeuten könnte.

Diesen Prozeß zu fördern, gehört ohne Zweifel zu den wichtigen Aufgaben der Schule heute. Verschiedene Fächer können spezifische Beiträge dazu leisten. Das gilt nicht zuletzt für den Deutschunterricht, denn Sprache und Literatur stellen wichtige Medien bei der Herausbildung des Naturverständnisses dar. Gegenwartsliteratur ist uns ein Echo auf heutige Naturerfahrung: Sie hält Beobachtungen fest, bringt Erlebnisse und Gefühle zum Ausdruck, macht aufmerksam, lehrt neue Sehweisen, fördert Sensibilität und fordert Verhaltensänderung. Literatur vergangener Zeiten bewahrt die Erinnerung an verschiedene individuelle und epochentypische Weisen des Naturverhältnisses; sie zeigt alternative Möglichkeiten der Naturzuwendung und hilft in der Kontrastierung mit fremdgewordenen oder vertrauten Einstellungen aus der Geschichte unseren eigenen Standpunkt zu klären. In der Auseinandersetzung mit literarisch vermittelter Naturerfahrung erweitern wir unser Bild vom Menschen und schärfen wir unser Bild von uns selbst. Naturerfahrung, Sozialerfahrung und Selbsterfahrung sind miteinander verwoben.

So besitzt der Deutschunterricht Arbeitsmöglichkeiten in der Umwelterziehung, die von keinem anderen Schulfach wahrgenommen werden können. Er stellt nicht die Information über ökologische Fakten in den Mittelpunkt seiner Arbeit, sondern die Reflexion über das Verhältnis des Menschen zu Natur und Umwelt, wie es sich in sprachlicher und literarischer Vermittlung darstellt, sowie über das Wesen sprachlicher und literarischer Erfassung von Natur und Umwelt selbst. Neben die Auseinandersetzung mit vorgegebenen Manifestationen des Naturverhältnisses tritt im Deutschunterricht die Eigenproduktion von Texten durch die Schüler. Indem die Schüler ihre Erfahrungen und Einstellungen, ihre Ängste und Hoffnungen, ihre Gefühle und Gedanken „zur Sprache bringen" und sich ihrer selbst vergewissern, kann der Deutschunterricht wie kein anderes Fach zur Identitätsbildung beitragen. Das pädagogische Potential des Faches Deutsch für die Aufarbeitung unseres Naturverständnisses und für die Wiedergewinnung eines angemessenen Verhältnisses zu Natur und Umwelt ist nicht gering.

Lernende und Lehrende können in diesem Unterricht
- an dem seit Jahrhunderten in der Literatur geführten Gespräch über das dem Menschen angemessene Naturverhältnis teilnehmen, einige naturthematische Texte der Gegenwart und der kulturellen Tradition kennenlernen und sich von ihnen zum Nachdenken und Diskutieren anregen lassen,
- das Verhältnis zur Natur als grundlegende personale, gesellschaftliche und geschichtliche Kategorie des menschlichen Lebens erfahren,
- Einsicht gewinnen in die Spannung zwischen ichbezogenem und objektivierendem, zwischen herrschaftlichem und geschwisterlichem, zwischen einfühlendem und rationalem Naturverständnis,
- ihre Fähigkeit zur differenzierten und sensiblen Wahrnehmung der Umwelt und der sie bedrohenden Vorgänge und Verhaltensweisen weiterentwickeln,
- ihr Bewußtsein von der Gefährdung des Menschen durch die Verarmung des Naturverhältnisses vertiefen,
- die Funktion der Sprache bei der geistigen Verarbeitung der Wirklichkeit erkennen,
- die Bereitschaft und Fähigkeit erweitern, poetischen Sprachgebrauch als unersetzbare Weise der Realitätsverarbeitung zu verstehen, sowie die spezifischen Leistungen verschiedener Textarten erkennen,
- ihre Fähigkeit zur Aufnahme literarischer und nichtliterarischer Texte verbessern,
- üben, ihre eigene Naturerfahrung, die aus Erlebnis, Beobachtung, emotionalen Bedürfnissen und Reflexion erwächst, sprachlich zu artikulieren.

Für einen Deutschunterricht, der den genannten Aufgaben verpflichtet ist, werden Materialien benötigt, die inhaltlich aspektreich sind, verschiedene Gestaltungsformen repräsentieren, der geschichtlichen Dimension der Thematik soviel Aufmerksamkeit widmen wie ihrer aktuellen Bedeutung, wechselnde Zugangsweisen eröffnen und schließlich in ihrem Umfang einer überschaubaren Unterrichtseinheit entsprechen. Das vorliegende Arbeitsheft möchte mit seinen Texten und Aufgabenvorschlägen diesem Anspruch gerecht werden. Es kann in den oberen Klassen der Sekundarstufe I und in den verschiedenen Schulformen des Sekundarbereichs II verwendet werden. Vielfältige Arbeitsmöglichkeiten bieten sich. Man kann
- kapitelweise voranschreiten,
- zwischen den Kapiteln Querverbindungen aufspüren,
- sich an die Aufgabenvorschläge halten,
- die Kapitel nach eigenen Fragestellungen gezielt auswerten,
- lyrische und epische Ausdrucksformen vergleichen,
- die Funktion poetischer und pragmatischer Texte vergleichen, vor allem in den Kapiteln 5 und 6,
- die selbst geschriebenen Texte über Natur und Umwelt in einer Broschüre zusammenfassen oder in der Schülerzeitung veröffentlichen,
- weitere Schreibaktivitäten entwickeln: Arbeitspläne, Arbeitsberichte, Protokolle, Mitschriften,
- Literaturgeschichten heranziehen, um sich über Dichter und Epochen zu informieren, und die Ergebnisse in Kurzreferaten mitteilen,
- Gruppenarbeit machen,

- einen Vorleseabend veranstalten,
- die Arbeit im Fach Deutsch mit fächerübergreifenden Vorhaben verbinden: praktische Naturschutzarbeit, Naturdarstellung in der Kunst, Natur in der Anzeigenwerbung, Landschaftsfotografie.

9. QUELLENVERZEICHNIS

Achilles, Fritz, u. a., Neue Geographie 5/6. Düsseldorf: Bagel 1971
Astel, Arnfried, Die Amsel fliegt auf. Der Zweig winkt ihr nach. Heidelberg: Wunderhorn 1982
Becker, Jürgen, Das Ende der Landschaftsmalerei. Frankfurt/Main: Suhrkamp 1974
ders., Umgebungen. Frankfurt/Main: Suhrkamp 1970, S. 89 ff.
Borowski, Tadeusz, in: Die Dichter Polens. Hundert Autoren vom Mittelalter bis heute, hg. von Karl Dedecius. Frankfurt/Main: Suhrkamp 1982
Braun, Volker, Gegen die symmetrische Welt. Halle: Mitteldeutscher Verlag o. J.
Brecht, Bertolt, Gesammelte Werke, Bd. 8 und 12. werkausgabe edition suhrkamp. Frankfurt/Main: Suhrkamp 1967
Brockes, Barthold Heinrich, in: Epochen der deutschen Lyrik, Bd. 5: 1700–1770, hg. von Jürgen Stenzel. München: Deutscher Taschenbuch Verlag 1969
Büchner, Georg, Sämtliche Werke und Briefe, Bd. 1. München: Hanser [2]1974
Demus, Klaus, Schatten vom Wald. Pfullingen: Neske 1983
Domin, Hilde, Rückkehr der Schiffe. Frankfurt/Main: S. Fischer 1962
Eichendorff, Joseph von, Werke, hg. von Wolfdietrich Rasch. München: Hanser 1971
Enzensberger, Hans Magnus, Landessprache. Frankfurt/Main: Suhrkamp 1960
Frisch, Max, Homo faber. Frankfurt/Main: Suhrkamp [10]1980
Fritz, Walter Helmut, Schwierige Überfahrt. Hamburg: Hoffmann und Campe 1976
Goethe, Johann Wolfgang, Goethes Werke. Hamburger Ausgabe, hg. von Erich Trunz. München: C. H. Beck 1974
Häuptling Seattle, Wir sind ein Teil der Erde. Die Rede des Häuptlings Seattle vor dem Präsidenten der Vereinigten Staaten von Amerika im Jahre 1855. Olten und Freiburg im Breisgau: Walter [12]1984
Hannsmann, Margarete, Ins Gedächtnis der Erde geprägt. Schwäbisch Hall: Swiridoff 1973
Hermlin, Stephan, Gedichte und Prosa. Berlin: Wagenbach 1965
Hesse, Hermann, Unterm Rad. Frankfurt/Main: Suhrkamp [6]1976
ders., Peter Camenzind, Frankfurt/Main: Suhrkamp 1975
Hockenjos, Wolf, Begegnung mit Bäumen. Fotografiert und beschrieben von Wolf Hockenjos im Auftrag der Landesforststelle Baden-Württemberg. Stuttgart: DRW [2]1979
Jentzsch, Bernd, Quartiermachen. München/Wien: Hanser 1978
Kästner, Erhart, Zeltbuch von Tumilad. Wiesbaden: Insel 1949
Kaschnitz, Marie Luise, Überallnie. Hamburg: Claassen 1965

Kasper, Hans, Nachrichten und Notizen. Stuttgart: Goverts 1957
Kirsch, Sarah, Katzenleben. Stuttgart: DVA 1984
Klute, Wilfried, Erstveröffentlichung (Protokoll einer Entfernung)
ders., Schaumburger Heimat, Heft 14, 1983 (Nacht)
Kunert, Günter, Unterwegs nach Utopia. München: Hanser 1977
Mann, Thomas, Buddenbrooks. Frankfurt/Main: S. Fischer
Mostler, Gerhard, Die Erde. Erdkundliches Lehrbuch zum Diercke-Weltatlas. Braunschweig: Westermann 1964
Naudiet, Friedhelm, Und wir flogen gegen den wind. Frankfurt/Main: Selbstverlag 1983
Portmann, Adolf, Entläßt die Natur den Menschen? München: Piper 1970
Quartier, Archibald, Bestimmungsbuch Bäume und Sträucher. München: BLV Verlagsgesellschaft 1974
Rilke, Rainer Maria, Sämtliche Werke, hg. von E. Zinn. Frankfurt/Main: Insel 1975
Schütt, Peter, Zur Lage der Nation. Dortmund: Weltkreis 1974
Spinner, Kasper H., Natur: Von der Erfahrung zum Unterrichtsthema. Praxis Deutsch, Heft 56, 1982
Spix, Hermann-Christian, Epigramme, hg. von Manfred Bosch. Gießen: Achenbach 1975
Stifter, Adalbert, Brigitta. Gesammelte Werke, Bd. 2, hg. von W. Stefl. Wiesbaden: Insel 1959
Storm, Theodor, Sämtliche Werke in 2 Bänden, Bd. 2. München: Winkler 1967
Tergit, Gabriele, Kaiserkron und Päonien rot. Köln/Berlin: Kiepenheuer & Witsch 1958
Tieck, Ludwig, Der blonde Eckbert. Märchenerzählungen. Stuttgart: Reclam 1967
Tubbesing, Ilse, Frankfurter Allgemeine Zeitung vom 8. November 1985 (Magazin, Heft 297)
Ullmann, Günter, einst war ich fänger im schnee. Neue Texte und Bilder aus der DDR, hg. von Lutz Rathenow. Berlin: Oberbaum 1984
Weinheber, Josef, Sämtliche Werke, hg. von Josef Nadler/Hedwig Weinheber. Salzburg: Müller 1979
Weiss, Peter, Abschied von den Eltern. Frankfurt/Main: Suhrkamp [14]1981
Wolgast, Thomas Vinsor, Frankfurter Allgemeine Zeitung vom 2. Januar 1979

Unbekannte Verfasser
Schöpfungsgeschichte. 1. Buch Mose 2,9. Die Heilige Schrift des Alten und Neuen Testaments. Zürich: Verlag der Zürcher Bibel 1980
Psalm 104, a.a.O.
Rheinaale sind voller Gift. dpa/Süddeutsche Zeitung vom 7.4.1981
In Westdeutschlands Wäldern ... Der Spiegel, Nr. 47/1981 (leicht verändert)
Natur. Goethes Werke in zehn Bänden, Bd. 4, hg. von Reinhard Buchwald. Hamburg: Standard 1957